Buddha für Pragmatiker

Wie ein achtsamer Geist
das Gehirn positiv verändert

Micheline Rampe

BUDDHA FÜR PRAGMATIKER

Wie ein achtsamer Geist
das Gehirn positiv verändert

edition steinrich

Bibliografische Information der Deutschen Bibliothek:
Die Deutsche Bibliothek verzeichnet diese Publikation in der Deutschen
Nationalbibliografie; detaillierte bibliografische Daten sind im Internet über
http://dnb.ddb.de abrufbar.

www.edition-steinrich.de

Überarbeitete Neuausgabe
Die Erstausgabe erschien 2014 bei Gräfe und Unzer Verlag GmbH

Alle Rechte vorbehalten
Copyright: © 2022, edition steinrich, Berlin
Umschlaggestaltung: Grafikbüro Schadenberg, Berlin
Gestaltung und Satz: Traudel Reiß
Druck: CPI-books GmbH
Printed in Germany

ISBN 978-3-942085-81-6

Aus Gründen der besseren Lesbarkeit wird bei Personenbezeichnungen und personenbezogenen Hauptwörtern in diesem Buch meist die weibliche Form verwendet. Entsprechende weibliche Begriffe gelten im Sinne der Gleichbehandlung grundsätzlich für alle Geschlechter. Diese Sprachform hat nur redaktionelle Gründe und beinhaltet keine Wertung.

Für eine intensive Arbeit mit Meditationen und Übungen empfehle ich, die Texte selbst auf einen Tonträger zu sprechen. Das kann einfach nur das Handy sein. Anfangs ist es vielleicht ungewohnt, sich selbst zu hören, aber sobald wir uns an unsere äußere Stimme gewöhnt haben, sind die positiven Effekte enorm: Das Hören eines Textes in unserer eigenen natürlichen Stimmlage, mit Wohlwollen und Zugewandtheit für uns selbst gesprochen, in Worten, die wir für unsere Bedürfnisse gewählt oder modifiziert haben und in einem Rhythmus, der zu uns passt – dieses Zusammenspiel kann uns intensiver als eine fremde Stimme erreichen. Das Hören unserer Stimme schafft Selbst-Bewusstsein und Vertrauen in die eigene Wirksamkeit – parallel zu dem, was in der Übung trainiert wird.

INHALT

Das eigene Glück schmieden	11
Heilsame Tugenden entwickeln	12
Niemand will leiden	13
Die Paramitas	14
Der Wind der Veränderung	19
Mit Achtsamkeit und Meditation zum Ziel	21
Achtsam werden	21
Routinen durchbrechen	24
Meditieren lernen	27
Einblicke ins Gehirn	29
Häufige Fragen zur Meditation	32
Die Paramita Dhyana: das Glück, sich selbst zu entdecken	38
Achtsamkeit als Haltung	39
Sich selbst beobachten	40
Auf Erkundungstour gehen	42
Ruhe und Einsicht entwickeln	47
Den Atem wahrnehmen und beeinflussen	49
Spuren im Gehirn	55
Konzentration ist Trumpf	55
Die Wirklichkeit wahrnehmen	57

Emotionen kontrollieren	59
Üben verändert das Gehirn	60
Die Geheimnisse des Körpers ergründen	63
Den Körper scannen	64

Die Paramita Dana: das Glück der Großzügigkeit	75
Beschenken macht froh	76
Ist Geiz geil?	77
Unerwartete Belohnung	79
Großzügig lächeln	80
Die Ökonomie des Glücks	83
Großzügigkeit ist attraktiv	83
Der Mythos vom egoistischen Gen	85
Macht Geld einsam?	87
Großherzig vergeben und loslassen	91
Verzeihen braucht Zeit	91
Augen auf und durch!	94
Sedona: Loslassen befreit	96

Die Paramita Sila: das Glück der Freiheit	100
Glaube nichts – prüfe alles	101
Die fünf Silas	102
In sich selbst suchen	103
Wahlmöglichkeiten erkennen	104
Die innere Beobachterin schulen	108
Mit Abstand mehr erkennen	109
Den inneren Dialogen zuhören	111
Freiheit gewinnen	115

Die Paramita Ksanti: das Glück eines entspannten Geistes	120
Geduldig mit sich und anderen	121
Mehr Erfolg auf allen Ebenen	121
Geduldsproben bestehen	123
Freundlich und zugewandt bleiben	124
Das verbundene Gehirn	131
Die Kraft der Spiegelneuronen	132
Mitfühlend meditieren	136
Die Kraft von Metta	137
Stolpersteine beachten	138
Liebende Güte üben	140
Erfolgsnachrichten aus aller Welt	148
Die Paramita Virja: das Glück der Begeisterung	151
Mit Freude durchhalten	152
Widerstände erkennen	152
Negative Spuren sitzen tief	155
Gegenmaßnahme: Das Gute stärken	157
Negative Gedanken in positive verwandeln	158
Nur das Beste fürs Gehirn	163
So tun als ob	164
Das Vorstellungsvermögen nutzen	165
Vorbilder visualisieren	167
Alternative: das Kraftwort	171

Die Paramita Prajna: das Glück der Erkenntnis	174
Wir alle sind Buddha	175
Dem Leben mehr Bedeutung geben	176
Die Buddha-Natur finden	178
Die eigenen Ressourcen entdecken	181
Friedvolles Verweilen	183
Wie kann es weitergehen?	186
Bücher und Adressen, die weiterhelfen können	188
Über die Autorin	192

*Wer sein Glück in Vergnügungen, Reichtum, Ruhm,
Macht und Heldentum sucht, ist naiv wie ein Kind,
das einen Regenbogen einfangen will,
um ihn wie einen Mantel zu tragen.*
Dilgo Khyentse Rinpoche

DAS EIGENE GLÜCK SCHMIEDEN

Die Glücksforschung geht davon aus, dass die Hälfte unserer Fähigkeit zum Glücklichsein angeboren ist, zehn Prozent hängen von den jeweiligen Umständen ab, aber die restlichen rund 40 Prozent haben wir selbst in der Hand. Wir können unser Glück also zu einem guten Teil selbst bewirken, wenn wir bereit sind, uns zu verändern, alte, eingefahrene Wege zu verlassen und unsere Fähigkeiten zu erweitern.

Achtsamkeit und Meditation sind die zentralen Techniken auf diesem Weg. Sie verändern das Gehirn nachhaltig, und der Trainingseffekt ist nicht nur für die Zeit der Meditation wirksam, sondern setzt sich auch im Alltag fort: durch mehr emotionale Ausgeglichenheit, Großzügigkeit und Freundlichkeit – und durch mehr Lebensfreude.

Anhand der Paramitas zeige ich Ihnen einen buddhistischen Weg, der durch die Kultivierung heilsamer Tugenden mehr Glück und Tiefe in Ihr Leben bringen kann.

HEILSAME TUGENDEN ENTWICKELN

Die sechs Paramitas sind Eigenschaften und Geisteshaltungen, die jeder Mensch lernen und kultivieren kann, der bewusster leben will. Dabei helfen vor allem Achtsamkeitsübungen und Meditationen, die Paramitas in sich zu verwurzeln und zu Freiheit, Glück und Weisheit zu gelangen.

NIEMAND WILL LEIDEN

Als die Menschen den Buddha fragten »Warum lehrst Du?«
antwortete er: »Weil alle Wesen sich Glück wünschen und
niemand leiden will.« Darauf fragten sie. »Was lehrst Du?«
Und er antwortete: »Ich lehre, wie die Dinge sind!«

Vor mehr als 2500 Jahren machte sich der indische Prinz Siddhartha auf den Weg, um herauszufinden, wie Menschen sich von dem Leid, das zu jedem Leben dazugehört, befreien könnten. Er versuchte sich an den gängigen Methoden seiner Zeit, beschäftige sich mit der Philosophie und lebte mit Asketen. Doch nachdem er alle bekannten Techniken, die Erleuchtung versprachen, ausprobiert hatte, musste er feststellen, dass keine seiner Erfahrungen zum Ziel geführt hatte. Trotzdem wollte er nicht kapitulieren. Er setzte sich unter einen Baum und versprach sich, erst dann wieder aufzustehen, wenn er eine befriedigende Antwort auf die Frage nach der Ursache von Leid gefunden hatte. In tiefe Meditation versunken, erforschte er sich. Und wirklich fand er die Antworten, nach denen er suchte – und die Essenz dessen, was er schließlich herausgefunden hat, lässt sich kurz beschreiben:

Alle Wesen wünschen sich Glück, und niemand will leiden. Doch das äußere Glück ist unbeständig, und in jedem menschlichen Leben gibt es immer wieder neue leidvolle

Erfahrungen. Die Ursachen dieses Leids liegen in den Geistesgiften: Unwissenheit, Gier und Hass. Obwohl diese Kräfte sehr stark sind, lassen Sie sich überwinden. Und zwar durch das Studium und Üben eines Kanons, der später Buddhismus genannt wurde: Buddha – der Erwachte – wurde der Ehrentitel des Prinzen Siddhartha.

DIE PARAMITAS

In den berühmten Lehrreden, den Sutras, sind die Ausführungen des Buddha über die Auflösung von Leid beschrieben. Einen möglichen Weg zeigen die so genannten Paramitas, die Ihnen in diesem Buch vorgestellt werden. Die sechs Paramitas bilden einen Orientierungsrahmen für buddhistisches Denken, Handeln und Üben:
- **Die Paramita Dhyana** vergrößert und befreit unser Bewusstsein.
- **Die Paramita Dana** macht uns großzügiger im Denken und Handeln.
- **Die Paramita Sila** lässt uns Maßstäbe für angemessenes Verhalten entwickeln.
- **Die Paramita Ksanti** lehrt uns Geduld und Mitgefühl.
- **Die Paramita Virja** weckt in uns die Tugenden Beharrlichkeit und Begeisterung.
- **Die Paramita Prajna** lässt uns geistige Klarheit entwickeln und unterstützt unsere innere Weisheit.

Diese Fähigkeiten und Tugenden kann jeder Mensch entwickeln und durch angemessenes Training immer weiter kultivieren. Wird das Sanskrit-Wort »paramita« mit »zum anderen (para) Ufer (mita) gelangen« oder »zu etwas gelangen, das jenseits aller Begrenzungen liegt« übersetzt, dann entsteht sofort eine sehr genaue bildliche Vorstellung, was die Paramitas für Buddhistinnen bedeuten: Sie sind wie ein Boot, das uns zu einem Ort bringt, an dem wir unsere alten Sichtweisen hinter uns gelassen haben und der uns etwas Neues, Unbegrenztes eröffnet. Ob es dabei wirklich zur Erleuchtung kommt, wie sie Buddhistinnen und Buddhisten anstreben, ist nicht entscheidend. Mehr Klarheit und Glück, mehr Ausgeglichenheit und Freude, mehr seelische und geistige Gesundheit sind Verlockung genug, um uns mit den Paramitas auf den Weg zu machen. Dass dies keine leeren Versprechungen sind, belegen nicht nur die Jahrtausende alte Praxis des Buddhismus, sondern auch die neuesten wissenschaftlichen Forschungsergebnisse aus so unterschiedlichen Disziplinen wie Psychologie, Soziologie, Ökonomie, Neurobiologie und Physik.

Ich finde es faszinierend, dass sowohl der buddhistische Erfahrungsweg als auch der wissenschaftliche Erkenntnisweg zu vergleichbaren Ergebnissen führt, wenn wir Wege zu mehr Erfüllung suchen: Was der Mensch unbedingt braucht, um sich aus seinen Verstrickungen zu lösen und glücklicher zu werden, ist zunächst eine Praxis oder Technik, die die Fähigkeit zur Selbstbeobachtung und Selbstreflexion schult wie es das Achtsamkeitstraining oder die Meditation können. Mit diesen Methoden kann jede Person ihre eigenen destruktiven Muster erkennen und alte Ängste verbannen, um – wie es die

Neurowissenschaft ausdrückt – Bahnen im Gehirn neu zu legen und zu vertiefen.

Auch ein Entwicklungsweg in der Art der sechs Paramitas, ist aus Sicht der Wissenschaften viel versprechend und praktikabel. Ob Resilienzforschung, das physikalische Resonanzgesetz oder die interdisziplinäre Glücksforschung – sie alle halten Tugenden wie Großzügigkeit (Paramita Dana), Moral (Paramita Sila), Geduld (Paramita Ksanti), Begeisterungsfähigkeit (Paramita Virja) und geistige Ruhe (Paramita Dhyana) für wichtige Voraussetzungen, um Weisheit (Paramita Prajna) zu erlangen.

Ost und West im Dialog

Wer die Berichterstattung in den Medien in den letzten Jahren verfolgt hat, wundert sich über die Kehrtwende, die sich gerade beim Thema »Meditieren« in den letzten Jahren vollzogen hat. Während Journalistinnen die Meditation noch vor ein paar Jahren in eine unseriöse Esoterik-Ecke gesteckt haben, berichten sie jetzt in allen Magazinen beeindruckt von den Wundern, die regelmäßiges Meditieren vollbringen kann. Es ist typisch für unsere Zeit, dass die Erfahrung und die sichtbaren Erfolge wenig zählen, solange das wissenschaftliche Gütesiegel fehlt. Wir brauchen wiederholbare Doppelblindversuche, weil wir unseren eigenen Erfahrungen nicht trauen.

Die Sackgasse, in der wir mit unserer Wissenschaftsgläubigkeit in diesem Fall stecken, ist besonders tückisch, weil wir bei der Meditation nur zu guten Ergebnissen kommen, wenn wir unsere Erfahrungen als wichtigste Kategorie zulassen. Jede Person, die Meditation als mentales Training nutzt, um die Konzentration zu stärken und/oder Stress abzubauen, wird schon nach wenigen Wochen spüren, dass die Aufmerksamkeit steigt, dass der Blutdruck sinkt, der Stress geringer wird und wir uns wohler fühlen. Jede und jeder kann das bei sich selbst nachprüfen, aber vielleicht ist der Einstieg leichter, sobald es eine wissenschaftlich untermauerte Garantie gibt.

Wenn sich Buddhismus und Wissenschaft begegnen, dann treffen sich zwei verschiedene Methoden, um den Geist zu untersuchen. Die buddhistische geht den Weg über die Innenschau, die wissenschaftliche vertraut auf das technische Sichtbarmachen und Analysieren von Veränderungen im Gehirn. Das Interesse beider Richtungen ist dabei aber sehr ähnlich: Sie suchen nach Einflussmöglichkeiten auf das Gehirn auf das Denken und Fühlen des Menschen. Während Meditierende diese Veränderungen ganz subjektiv erleben, versucht die Neurowissenschaft, Veränderungen objektiv nachzuweisen. So verdanken wir es der Forschung, dass die beachtlichen positiven Auswirkungen des Meditierens wissenschaftlich längst belegt sind.

Austausch und Annäherung

Dass sich Wissenschaft und Buddhismus in den letzten Jahren so stark angenähert haben, ist dem XIV. Dalai Lama, Tenzin Gyatso, zu verdanken. Er hat 1987 zum ersten Mal ein großes internationales, interdisziplinäres Treffen zwischen buddhistischen Gelehrten und westlichen Wissenschaftlerinnen angeregt: die Mind and Life-Conference. Dabei gab er selbst den wichtigsten Anstoß: die Untersuchung von Langzeitmeditierenden. Die Forschungen begannen schließlich 1995 an vielen westlichen Universitäten, mit der zentralen Frage, ob und welche Veränderungen sich im Gehirn von Langzeitmeditierenden vollziehen beziehungsweise abbilden lassen. Das Motto »Mind and Life« soll ausdrücken, dass die Schwerpunkte auf der Erforschung des Bewusstseins aus buddhistischer und naturwissenschaftlicher Perspektive liegen.

Das Vertrauen, das der Dalai Lama in den Dialog mit westlichen Wissenschaftlerinnen und Wissenschaftlern setzt, beruht auf seiner grundlegenden Überzeugung, wonach das Verständnis der Wirklichkeit in den Naturwissenschaften ebenso wie im Buddhismus durch kritische Untersuchung gewonnen wird. Das mag manchen erstaunen, aber der Buddhismus ist keine Religion, die einen bestimmten Glauben erwartet. Vielmehr ist er eine Erfahrungswissenschaft, die seit mehr als 2500 Jahren lehrt, wie Menschen sich selbst entdecken können und dabei glücklicher werden.

MIND AND LIFE-KONFERENZEN

Seit 1987 gibt es alle zwei Jahre Konferenzen, die unter dem Namen »Mind and Life« Buddhistinnen und Wissenschaftlerinnen aller Fachrichtungen zusammenbringen. Diese Treffen sind aus der engen Zusammenarbeit zwischen dem Dalai Lama, dem Neurowissenschaftler Francisco Varela und dem Kaufmann Adam Engle hervorgegangen. Sie bildeten einen ersten Versuch, die Schnittstellen zwischen Buddhismus und Wissenschaft kennen zu lernen und zu nutzen. Der Dalai Lama sieht wichtige Gemeinsamkeiten zwischen der Wissenschaft und dem Buddhismus: Beide dienen der Menschheit und suchen nach einem besseren Verständnis der Welt.

An diesen Treffen mit dem Dalai Lama sind bekannte Neurowissenschaftlerinnen, Psychologinnen, Medizinerinnen und Physikerinnen beteiligt. Persönlichkeiten wie Richard Davidson, Daniel Goleman, Wolf und Tania Singer waren dort zu Gast, ebenso buddhistische Lehrer wie Matthieu Ricard, Jon Kabat-Zinn und Alan Wallace. Aus den Mind and Life-Konferenzen entwickelte sich das gemeinnützige Mind and Life Institute, das wissenschaftliche Forschungsprojekte fördert, die den Dialog zwischen Wissenschaft und Buddhismus unterstützen und erforschen.

Der Wind der Veränderung

Meine erste Begegnung mit dem Buddhismus hatte ich mit Anfang Zwanzig. Damals faszinierte mich besonders die tibetische Tradition. In den ersten Jahren habe ich mit vielen unterschiedlichen Lehrern meditiert. Doch erst als ich 1993 den Zen-Meister Peter Lengsfeld fand, hatte ich das Gefühl, angekommen zu sein. Seit 1998 ist Diane Rizzetto meine Lehrerin. Sie steht in der Tradition von Joko Beck, einer großen Reformerin des Zen-Buddhismus. Ihr wichtigstes Anliegen war der Transfer der spirituellen Praxis in den Alltag. Und genau das möchte auch ich vermitteln: einen pragmatischen buddhistischen Weg, der ohne Ideologie funktioniert.

Das buddhistische Training hat mich in mancher Hinsicht verändert. Einiges ist nicht so geworden, wie ich es mir anfangs vorgestellt habe: Schwierigkeiten, Kummer, Sorgen,

Alter und Krankheiten suchen mich heim wie jede andere auch. Ich bin nicht immun gegen Leid. Im Gegenteil: Ich habe weiter starke Gefühle. Wahrscheinlich spüre ich mich sogar intensiver als früher, aber ich hafte nicht mehr so stark an meinen Gefühlen. Sie gehen schneller wieder vorbei, sind keine Dramen mehr, keine Endzeitszenarios. Trauer und Wut lähmen mich weniger. Ich erhole mich schneller. Vielleicht weil ich die Realität klarer sehe und seltener dazu neige, sie schematisch zu interpretieren, denn das buddhistische Training hat mich darin geschult, meine Wertungen zu überprüfen und aus dem Karussell der ewigen Erwartungen und Vorurteile auszusteigen. Vielleicht haben mich diese Auseinandersetzungen mutiger gemacht, denn ich bin weniger ängstlich und viel großzügiger mit mir und meinen Schwächen – und mit denen der anderen. Ich freue mich mehr und häufiger. Und dass ich gelernt habe, auch die kleinen Freuden des Alltags zu erkennen und zu schätzen, schenkt mir ein Gefühl von großer Dankbarkeit. So ist mein Leben mit all seinen Schwierigkeiten reich und erfüllt. Dabei sind meine persönlichen Erfahrungen mit dem buddhistischen Training nicht außergewöhnlich. Viele Menschen, die schon lange meditieren, würden sich ähnlich beschreiben.

Wenn Sie also Lust haben, etwas davon in Ihr eigenes Leben zu bringen oder auch nur zu verstehen, was sich in unserem Gehirn verändert, wenn wir meditieren, wenn Sie beginnen wollen, sich selbst zu beobachten und kennenzulernen, dann kann Sie dieses Buch dabei begleiten.

Mit Achtsamkeit und Meditation zum Ziel

Bevor Sie sich mit den Paramitas auf den Weg machen, sollten Sie erst die beiden wichtigsten Instrumente kennenlernen, die Ihnen helfen, damit Ihr Leben selbstbestimmter, abwechslungsreicher, freier und leichter wird: Achtsamkeitsübungen und Meditationen. Damit bauen Sie einerseits Stress ab und gewinnen innere Ruhe, zum anderen ermöglichen Ihnen diese Techniken ganz neue Einsichten und Erkenntnisse auf dem Weg zu mehr Glück. Denn indem Sie Ihren Geist aufmerksam studieren, sich von einengenden Mustern befreien und Ihr Gehirn mit neuen, angemessenen Informationen füttern, können Sie sich wirklich verändern, eingefahrene Wege verlassen und Ihre Fähigkeiten erweitern – unabhängig davon, welches Ziel im Mittelpunkt steht.

Achtsam werden

Ohne Buddhistin oder Buddhist zu sein, machen sich immer mehr Menschen buddhistische Techniken und Wege zunutze, um sich weiterzuentwickeln und ihre seelische sowie körperliche Gesundheit zu stärken. Im Buddhismus gibt es keine Berührungsängste mit Nicht-Buddhistinnen, das hat der Dalai Lama immer wieder betont. Das heißt konkret, Sie können sich ganz pragmatisch das Training heraussuchen, das Ihnen gefällt, und es einüben, ohne sich mit dem spirituellen Hintergrund zu beschäftigen. Ob Sie sich durch das Training von Achtsamkeit und Meditation vom Stress oder aus dem Rad der Wiedergeburten befreien wollen, spielt dabei keine Rolle. Die positiven Wirkungen setzen ein, ganz gleich, welche Philosophie dahintersteckt. Achtsamkeitstraining funktioniert unabhängig von unserer Einstellung und unseren Zielen. Wir können es im Buddhismus, im Christentum, im Islam oder im Atheismus praktizieren, es als Mittel zur Stressreduktion oder als Weg zu neuen Erkenntnissen oder sogar zur Erleuchtung einsetzen. Achtsamkeit kann als reine Technik von jeder und jedem, unabhängig von einer Weltanschauung genutzt werden. Das kommt nicht nur einzelnen Menschen, sondern auch der Umwelt zugute: Achtsamkeitspraxis beschenkt uns wie jede andere Form von Meditation mit einem erfüllteren Leben. Sie macht uns freundlicher und großzügiger – ob wir wollen oder nicht. Und damit führt uns eine einfache Technik ganz nebenbei in den buddhistischen Kosmos ein.

Sich fokussieren

Durch konzentrative Übungen, wie zum Beispiel die Fokussierung auf den Atem, stabilisieren wir unsere Emotionen, wir werden nach und nach immer aufmerksamer und klarer und schulen dadurch unsere Achtsamkeit. Allerdings es ist nicht ganz so einfach, wie es klingt. Wenn Sie nur für eine Minute die Augen schließen und versuchen, Ihre Atemzüge zu zählen, dann merken Sie, wie schwierig es ist, konzentriert bei der Sache zu bleiben. Unser Geist ist es gewohnt, ständig ruhelos umher zu springen. Ihn zu zähmen ist nicht leicht.

Doch das ist die wichtigste Aufgabe, wenn wir uns aus unserer Enge befreien wollen.

Achtsamkeit richtet sich auf den gegenwärtigen Moment. Wenn wir es schaffen, uns nicht ablenken zu lassen, dann werden wir zur Beobachterin, zum Beobachter unseres eigenen Denkens. Zunächst geht es tatsächlich nur um das Beobachten, und zwar ausdrücklich um das nicht wertende Beobachten.

Achtsamkeitstraining ist auf verschiedenen Ebenen möglich. Sie können sich zurückziehen und in einem ruhigen Raum üben. Oder Sie können Ihre Achtsamkeitsübung in den Alltag integrieren. Das ist einfacher als Sie denken, weil Sie sich überall und ohne, dass jemand es mitbekommt, selbst beobachten können. Niemand wird es bemerken, wenn Sie Ihren Körper scannen oder Ihre Gedanken beobachten. Wichtig ist in jeder Situation dasselbe: die volle Konzentration, die intensive Fokussierung auf ein Objekt oder eine Tätigkeit.

ACHTSAMKEIT ÜBEN

Wenn Sie im Alltag nach passenden Gelegenheiten suchen, um Achtsamkeit zu üben, wählen Sie etwas, das Sie auf jeden Fall mehrmals täglich tun werden – ganz gleich wie sich Ihr Tag entwickelt. Sie können eine Übung über einen oder mehrere Tage oder Wochen trainieren.

Achtsam Zähne putzen:
Sie können sich auf jeden einzelnen Moment beim Zähneputzen konzentrieren: Wie schmeckt die Zahnpasta? Wie fühlen sich die

Borsten auf dem Zahnfleisch an? Gibt es Gerüche, die sich beim Putzen entwickeln? Spüren Sie ganz genau, welchen Zahn Sie gerade putzen. Können Sie ihn in Ihrer Vorstellung genau lokalisieren?

ROUTINEN DURCHBRECHEN

Das Gehirn macht aus allem, was häufig passiert, eine Gewohnheit. Es gibt einen Auslöser, ein Bild, ein körperliches Signal, ein Gefühl, einen Gedanken oder einen Wunsch, und daran koppelt sich die Erwartung von etwas Angenehmem oder Unangenehmem. Ersteres streben wir an, letzteres versuchen wir zu vermeiden. Gewohnheiten und routinemäßige Abläufe sind evolutionär sinnvoll, weil Wiederholungen der immer gleichen Struktur folgen und dadurch das Gehirn entlastet wird. Es verbraucht wenig Energie bei Bekanntem, dagegen sehr viel, wenn es etwas Neues lernt. Gewohnheiten helfen uns beim Autofahren, beim Lernen einer Sprache, bei der Informationsaufnahme und selbstverständlich auch bei der Meditation. Doch so hilfreich sie sind, so störend können sie auch sein, wenn sie uns daran hindern, Veränderungen wahrzunehmen. Das spüren wir deutlich, wenn wir schlechte Angewohnheiten loswerden wollen wie zu viel essen, rauchen oder jeden Abend fernsehen. In der Therapie kristallisiert sich manchmal heraus, dass ein Verhalten, das in der Pubertät noch angemessen war, weiter aufrechterhalten wird, obwohl es jetzt im Erwachsenenalter völlig unangemessen ist und eine Weiterentwicklung hemmt.

GEWOHNHEITEN ÜBERSCHREIBEN

Alte, lang eingeübte Gewohnheiten können wir nicht einfach löschen. Wir können sie aber »überschreiben«, indem wir wiederholt neue Impulse dagegensetzen. In der Neurowissenschaft heißt es, dass wiederholtes Denken und/oder Handeln neue Wege im Gehirn bahnt. Erst sind es nur kleine Trampelpfade, irgendwann nach vielen Wiederholungen werden es Landstraßen und schließlich haben sich dann breite Autobahnen gebildet.

Am leichtesten funktioniert die neue Orientierung, wenn wir alte Gewohnheiten genau beobachten und dann zwischen Gedanken und Handlung eine kurze Pause einbauen – einen Moment der Achtsamkeit. So entsteht eine Lücke und in ihr die Möglichkeit, das alte Muster zu unterbrechen. Wenn wir den Trick verstanden haben, dass der Moment der Achtsamkeit ein Tor zur Freiheit, zur bewussten Entscheidung und zur Veränderung öffnet, dann werden wir Herrin oder Herr im eigenen Haus. An diesem Punkt bietet sich die Chance, selbstbewusst zu bestimmen, wie es weitergeht. Jede kann nur selbst bestimmen, was für sie wirklich angemessen ist. Was Sie an Neuem etablieren wollen – das findet sich leicht! Die Schulung der Achtsamkeit auf den Moment der Veränderung ist entscheidend.

Mal ganz anders

Sie können auch das Muster unterbrechen, wie Sie sich die Zähne putzen, also zum Beispiel erst unten, dann oben putzen oder mal beim Zähneputzen auf dem rechten Bein stehen, mal auf dem linken. Wenn Sie die Routine aufbrechen, erhöht sich die Aufmerksamkeit. Deshalb eignen sich auch andere Situationen gut.

Probieren Sie heute mal Folgendes aus:

Sagen Sie in einer Situation Ja, in der Sie normalerweise immer Nein sagen würden. Und bewusst Nein, wenn Sie normalerweise Ja gesagt hätten.

Atmen Sie dreimal, bevor Sie ans Telefon gehen, bevor Sie eine Tür aufschließen, bevor Sie ein Stück Schokolade in den Mund stecken oder einen Wagen starten.

Stellen Sie Ihr Handy stundenweise ab, oder erlauben Sie sich nur noch einmal am Tag, Ihre privaten Mails zu checken, und beobachten Sie, welche Gefühle das in Ihnen auslöst. Und wiederholen Sie diese Übungen auch in den nächsten Tagen immer wieder.

Achtsame Augenblicke

Das Wichtigste bei den Achtsamkeitsübungen ist nicht, welche Folgen Ihr verändertes Verhalten konkret hat. Das Wichtigste ist, dass Sie Momente der Achtsamkeit in Ihr Leben bringen, Ihre Routinen unterbrechen, sich selbst beobachten und bewusst wahrnehmen, was Sie währenddessen denken und spüren! Vielleicht schreiben Sie Ihre Erfahrungen auf – das kann sehr lohnend sein!

Mit ziemlicher Sicherheit werden Sie Ihre Aufgabe oft vergessen. Machen Sie sich nichts draus, denn das passiert selbst Menschen, die in der Achtsamkeitspraxis sehr erfahren sind. Es ist schwierig, ein starkes Muster zu durchbrechen. Vielleicht brauchen Sie einfache Erinnerungshilfen. Manchmal sind kleine optischen Markierungen nützlich wie ein roter Punkt auf dem Telefon, ein ungewöhnliches Armband, ein bunter Fingernagel oder ein Smiley auf dem Computer. Bleiben Sie konsequent bei Ihrem Vorsatz. Mit der Zeit wird es immer leichter.

MEDITIEREN LERNEN

Die Paramitas brauchen neben den Achtsamkeitsübungen auch die Praxis der Meditation, um sich wirkungsvoll entwickeln zu können – wobei Meditation im Grunde eine Konzentrationsübung, ein systematisch entwickeltes Aufmerksamkeitstraining ist. Der Bedeutung des Wortes »Meditation« können wir uns aus verschiedenen Richtungen nähern. Das tibetische Wort ist »Gom«, das mit »vertraut werden« übersetzt werden kann. Das Sanskrit-Wort ist »Bhavana« und bedeutet »pflegen, kultivieren, entwickeln, fördern«. Meditation lässt sich also als ein mentales Training beschreiben, das dazu dient, mit sich selbst vertraut zu werden und diesen Weg zu kultivieren, um die Wahrnehmung für sich und andere zu schärfen, um den Geist klar werden zu lassen, die Realität zu erkennen, zur Ruhe zu kommen – und weitergehend für Buddhistinnen und Buddhisten: um Erleuchtung zu erfahren. Seit mehr als zwei Jahrtausenden erfahren Meditierende, wie viele positive Wirkungen Meditation entfaltet. Doch erst die neurowissenschaftliche Forschung hat diese uralte Technik auch in westlichen Ländern etabliert, etwa mit Untersuchungen im medizinischen Bereich.

Im Grunde können Sie in jeder Position meditieren. Gerade am Anfang erleichtert aber eine aufrechte Körperhaltung im Sitzen die Konzentration. Probieren Sie es mit einem kleinen Selbstversuch aus:

› Setzen Sie sich aufrecht auf einen Stuhl, und spüren sie, wie es Ihnen dabei geht.
› Krümmen Sie sich jetzt ganz eng zusammen, und spüren Sie, wie es Ihnen nun geht.

Bei den meisten Menschen verbindet sich eine aufrechte Haltung mit einer gewissen Würde, Offenheit und Selbstsicherheit, während eine gekrümmte Haltung Ängstlichkeit signalisiert. Ist es nicht faszinierend, dass Sie schon durch die Körperhaltung Ihre Stimmung beeinflussen können? Deshalb ist es hilfreich, bei der Meditation aufrecht zu sitzen. Diese Haltung signalisiert Ihrem Gehirn: sei aufmerksam, selbstbewusst und konzentriert.

> *»Wenn der Wind der Veränderung weht,*
> *bauen die einen Mauern*
> *und die anderen Windmühlen.«*
> Östliche Weisheit

EFFEKTIVE MEDITATION

Meditation wird bereits erfolgreich in medizinischen und psychiatrischen Bereichen zur Behandlung gegen Depression, Asthma, Neurodermitis, Schlafstörungen, allgemeine Nervosität, Bluthochdruck, Stress und Angstzuständen eingesetzt. Laut einer Studie der Uni Bremen hat das durchweg zu positiven Effekten geführt. Weitere Untersuchungen ergaben:

> verbesserte physiologische und psychische Gesundheit
> größere Immunabwehr
> stärkere Empfindung von positiven Emotionen
> mehr positive Gefühle
> größere innere Ruhe und Gelassenheit
> Angstreduktion
> geringeres Stresslevel
> bessere Konzentration und Aufmerksamkeit
> nachhaltige Veränderung der Hirnstruktur und -funktion

EINBLICKE INS GEHIRN

Seit die Forschung Abläufe im Gehirn sichtbar machen kann, boomt die Meditationsforschung. Jährlich erscheinen rund 200 Studien, die sich mit Gehirnaktivitäten beschäftigen. Durch verschiedene bildgebende Verfahren ist es möglich, spezifische Prozesse bestimmten Hirnregionen und Netzwerken zuzuordnen. So liefert die Magnetresonanztomografie (MRT, auch Kernspin genannt) statische Bilder, während die funktionelle Magnetresonanztomografie (fMRT) Veränderungen im Gehirn sichtbar macht. Um die hohe räumliche Auflösung durch das fMRT mit einer optimalen zeitlichen Auflösung zu verbinden, wird die fMRT-Messungen häufig an ein EEG (Elektroenzephalogramm) gekoppelt, ein Aufzeichnungsgerät, das die elektrische Aktivität des Gehirns messen kann. Forscherinnen können so den Blutfluss im Gehirn und die Aktivierung einzelner Areale sehen und diese Bilder interpretieren. Das ermöglicht eine optimale Beobachtung von Situationen, in denen sich Versuchspersonen mit einer bestimmten Aufgabe beschäftigen. Diese Verfahren haben der Hirnforschung neue Dimensionen eröffnet, denn nun können die Wissenschaftlerinnen dem Gehirn bei der Arbeit, etwa während der Meditation, zusehen.

Abgebildete Gefühle

Durch die neuen Messmethoden wurde sehr viel über die Arbeitsweise des Gehirns bekannt. Zu den interessantesten Ergebnissen der Meditationsforschung gehört die Erkenntnis, dass im Frontalhirn die rechte und die linke Seite für gegensätzliche Gefühle zuständig sind: Bei negativen Gefühlen wie Wut oder Hass arbeitet die rechte Seite des Frontalhirns mehr. Bei positiven Gefühlen wie Liebe, Freude, Mitgefühl und Zufriedenheit ist die linke Seite aktiver. Wenn wir also wütend sind, übernimmt die rechte Seite die Kontrolle, und unser Denken ist geprägt von negativen Mustern. Das Gegenteil gilt, wenn wir uns gut fühlen: Dann bestimmen wohlwollende Impulse der linken Seite des Frontalhirns unser Denken und Handeln.

Forschungsergebnisse aus der ganzen Welt bestätigen, dass Achtsamkeitsübungen und Meditationen die Gehirnaktivitäten der linken Seite verstärken. Zudem lassen sich weitere Verbesserungen messen: Der Hormonspiegel des Bindungshormons Oxytocin erhöht sich, und bestimmte Enzyme im Körper nehmen zu, was unsere Tendenz zu Freundlichkeit unterstützt und unsere Ängste mindert.

All diese Messungen und Untersuchungsergebnisse lassen den Schluss zu, dass wir durch ein entsprechendes Training einen Zustand von Glück und Zufriedenheit gezielt fördern und kultivieren können. Der Dalai Lama bringt diese Erkenntnis auf den Punkt: »Wenn ich über die Vorzüge von Achtsamkeit und Mitgefühl spreche, dann hat das für mich nichts mit religiösem Glauben zu tun, sondern mit Erfahrungen. Wissenschaftliche Erkenntnisse und der gesunde Menschenverstand sagen uns, dass es uns besser geht, wenn wir positive Qualitäten in uns entwickeln.«

Um diese vielen Vorteile zu erleben, können Sie sich in den folgenden Kapiteln auf eine Reise begeben. Sie werden erfahren, wie Sie die sechs Paramitas in Ihr Leben integrieren können und Fähigkeiten entwickeln, die Sie zu einem bewussteren und glücklicheren Menschen machen.

HÄUFIGE FRAGEN ZUR MEDITATION

In meiner Praxis begegnen mir immer wieder ähnliche Fragen, wenn Klientinnen zu meditieren anfangen:

IST MEDITATION NICHT EINFACH RUMSITZEN, TRÄUMEN UND ZEIT VERTRÖDELN?
Meditation ist ein Training, das viel Konzentration und Stehvermögen erfordert. Durch die konsequente Schulung ihrer Wahrnehmung nehmen Meditierende die Realität klarer wahr als Nicht-Meditierende. Zudem verbessern sie durch das Training die Fähigkeit, die eigenen Gefühle zu regulieren. Meditierende sind also alles andere als Träumerinnen.

KANN JEDE/R MEDITIEREN?
Meditation ist für jede Person geeignet, die psychisch stabil ist und sich zutraut, Übung regelmäßig über einen längeren Zeitraum durchzuhalten.

WORAN MERKE ICH, DASS ICH ES RICHTIG MACHE?
Sie machen es richtig, wenn Sie wahrnehmen, dass Ihr Geist hin- und her springt. Es ist völlig normal, dass Ihnen alles Mögliche durch den Kopf geht. Und es ist ein Erfolg, wenn Sie das während der Meditation bemerken, denn an diesem Punkt können Sie zu Ihrer Übung zurückgehen: zum Atem, zum Körper, zum Meditationsobjekt.

Mit zunehmender Meditationserfahrung wird sich Ihr Geist leichter beruhigen, doch die Konzentration bleibt eine immerwährende Herausforderung für alle Meditierenden. Bleiben Sie geduldig und freundlich mit sich selbst!

IN WELCHER POSITION SOLL ICH MEDITIEREN?

Das bestimmen Sie selbst. Sie können liegen, sitzen, stehen und gehen – ganz wie Sie wollen. Die Qualität der Meditation bestimmt sich nicht über die Position, sondern über die Konzentration. Gut ist es, wenn Sie die gewählte Position über die geplante Zeit beibehalten können. Eine aufrechte, würdevolle Haltung unterstützt die Meditation am besten. Die Hände können vor dem Körper ineinander gelegt werden oder auf den Oberschenkeln ruhen. Die Augen sind halb geöffnet und auf den Boden gerichtet oder ganz geschlossen.

DARF ICH MICH WÄHREND DER MEDITATION BEWEGEN?

Es ist sinnvoll, nicht jedem Bewegungsimpuls zu folgen, denn ruhiges Sitzen ist Teil der Übung. Oft vergeht der Wunsch, sich zu bewegen, wenn sich die Konzentration stabilisiert. Wenn Sie größere Schmerzen spüren, ändern Sie Ihre Sitzhaltung. Wer orthopädische Probleme beim tiefen Sitzen hat, kann sich auf einen Stuhl setzen. Nehmen Sie Ihre Empfindungen genau wahr, und probieren Sie Ihre Belastbarkeit aus. Nur Sie wissen, was Sie sich zutrauen können, ohne sich zu schaden.

BRAUCHE ICH EINEN BESONDEREN RAUM FÜR DIE MEDITATION?

Je weniger Ablenkungen Sie während der Meditation haben,

umso leichter wird Ihnen die Konzentration fallen. Dazu gehört auch, dass das Telefon möglichst außer Hörweite ist. Mit zunehmender Übung wird es Ihnen leichter fallen, sich auch in einer unruhigen Umgebung zu konzentrieren. Atemübungen und Bodyscan können Sie nach einiger Übung an jedem Ort trainieren. Es sind perfekte Auszeiten in einem hektischen Alltag!

WIE LANGE MUSS ICH MEDITIEREN, BIS SICH ERSTE ERGEBNISSE ZEIGEN?

Es gibt eine Untersuchung von Teilnehmerinnen eines achtwöchigen Meditationskurses. In dieser Zeit führten die Probandinnen täglich eine zehnminütige Meditation durch. Sobald ablenkende Gedanken aufkamen, sollten sie einfach wieder zu ihrer Aufgabe zurückkehren. Am Ende dieses Trainings zeigten die neuen Meditierenden eine deutlich höhere Konzentrationsfähigkeit und eine geringere Stressanfälligkeit als die Vergleichsgruppe der Nicht-Meditierenden.

WAS VERÄNDERT SICH ALLES DURCH DAS MEDITIEREN?

Meditation verändert den geistigen und körperlichen Zustand. Sie stärkt das Immunsystem, senkt den Blutdruck und reguliert das Herz- Kreislaufsystem. Zudem wirkt das Üben beruhigend auf die Psyche, vermindert Ängste und Schlafstörungen.

IST MEDITATION ETWAS RELIGIÖSES?

Meditation ist vor allem eine Technik der Geistesschulung,

die zwar aus einem spirituellen Rahmen stammt, aber auch völlig unabhängig von religiösen Überzeugungen geübt werden kann. Nachweislich sind die positiven Wirkungen des Trainings völlig unabhängig von der Philosophie der Meditierenden. Buddhistinnen und Buddhisten verfolgen mit der Meditation primär spirituelle Ziele: Sie nutzen die Schulung des Geistes zur Erfahrung von Leerheit, zur Überwindung von Dualität, für den Ausstieg aus dem Rad der Wiedergeburten und als Weg zur Erleuchtung.

WAS PASSIERT WÄHREND DER MEDITATION IM KÖRPER?
Physiologisch zeigt sich während der Meditation genau das Gegenteil einer Stressreaktion. Wenn Forscher im Labor Meditierende beobachten, entdecken sie in erster Linie, wie sich der Körper entspannt. Er verbraucht weniger Sauerstoff. Die Atemfrequenz, der Laktatwert und der Blutdruck sinken. Auch der Tonus der Muskeln nimmt ab, und das Niveau möglicherweise vorhandener Stresshormone normalisiert sich.

Forscherinnen der Harvard Medical School haben die Veränderungen durch Meditation anhand von Blutproben von Menschen bewiesen, die seit Jahren regelmäßig meditierten. Die genomischen Analysen des Blutes ergaben, dass Langzeitmeditierende 2200 »Stressgene« mehr abschalteten als Nicht-Meditierende. Das stärkt das Immunsystem und verhindert die Bildung von Entzündungen und freien Radikalen, die Zellen und Gewebe schädigen und zu Krebs und anderen Krankheiten führen können.

WIE SOLL ICH DIE ZEIT ZUM MEDITIEREN FINDEN?

Das größte Hindernis ist für die meisten Anfängerinnen, die Meditation als neue Gewohnheit regelmäßig im Alltag unterzubringen. Außerdem braucht es eine stabile Motivation und viel Freundlichkeit mit sich selbst, wenn der Geist springt, statt sich zu beruhigen. Die Konfrontation mit der eigenen Unruhe und mit mangelndem Stehvermögen, die Angst vor negativen Gefühlen und auch Langeweile können die Meditationspraxis unterhöhlen. Meditation bringt aber schon nach kurzer Zeit so viele positive Impulse in Ihr Leben, dass es sich lohnt, etwas Zeit dafür frei zu schaufeln. Überprüfen Sie, ob es in Ihrem Alltag nicht verschiedene Gewohnheiten gibt, wie zum Beispiel fernsehen oder vor dem Computer sitzen, die zeitlich etwas reduziert werden können. Vielleicht fangen Sie mit zehn Minuten täglich an, und steigern sich, wenn es passt. Wichtig ist die Regelmäßigkeit.

BEIM MEDITIEREN STEIGEN IN MIR NEGATIVE GEDANKEN HOCH.

Es ist nicht ungewöhnlich während der Meditation negative Gedanken, Selbstzweifel, Ängste, Trauer oder Wut zu spüren. Jeden Menschen kostet es große Überwindung, sich mit seinen Problemen zu konfrontieren, wie es in der Meditation passiert. Darum brauchen vor allem Anfängerinnen eine gewisse psychische Stabilität. Wenn Sie in einer akuten Lebenskrise stecken, mit Depressionen und psychischen Problemen kämpfen, sollten Sie nicht allein meditieren, sondern sich mit sachkundigen Lehrerinnen oder Therapeutinnen besprechen.

Wer eine achtsamkeitsbasierte Therapie zur Vermeidung von Depressionen und zur Vorbeugung von Rückfällen sucht, sollte sich über MBCT (Mindfulness Based Cognitive Therapy) informieren. Diese Therapie richtet sich an Menschen, die aktuell nicht depressiv sind, aber bereits depressive Episoden erlebt haben. Das Ziel von MBCT ist die Früherkennung von Symptomen, die eine Depression ankündigen, und das Trainieren der Fähigkeit, diese vorbeiziehen zu lassen und die Aufmerksamkeit umzulenken.

Die Paramita Dhyana:

Das Glück, sich selbst zu entdecken

Achtsamkeit und Meditation machen uns mit unseren Gedanken und Gefühlen vertraut und ermöglichen eine Wahrnehmung der Dinge, wie sie wirklich sind. Indem wir uns auf den jetzigen Moment konzentrieren, zähmen wir den Affengeist, der in unserem Kopf hin und her springt.

ACHTSAMKEIT ALS HALTUNG

*Meditation dient der inneren Entwicklung, damit wir
mehr auf der Basis heilsamer Geisteszustände handeln.*
Der Dalai Lama

Unter den sechs Paramitas nimmt die Meditation, die Paramita Dhyana, eine besondere Stellung ein, weil sie einerseits als praktische Übungsform der Verwirklichung aller Paramitas dient. Andererseits ist die Paramita Dhyana eine eigene Geisteshaltung, die kultiviert werden will – wiederum mit Achtsamkeit und Meditation. Dhyana steht in der buddhistischen Tradition für so wichtige Qualitäten wie Achtsamkeit, Konzentration, Offenheit und Stabilität. Ihr Ziel ist ein ruhiger Geist und ein konzentriertes Bewusstsein, das Raum nach innen und Freiheit nach außen schafft. Eine wichtige Basis dafür ist eine achtsame Grundhaltung sich selbst, der Umwelt und dem Leben gegenüber. Sie gilt, ganz gleich, ob wir uns die Zähne putzen, den Atem beobachten oder Freundinnen zuhören. Damit drücken wir Akzeptanz aus und zeigen uns offen für neue Wahrnehmungen und Sichtweisen.

Achtsamkeit ist zudem der perfekte Stresskiller, weil sie Distanz zwischen uns und dem Beobachteten – auch wenn wir das selbst sind – hergestellt. Dadurch können wir eine Identifikation mit negativen Gefühlen wie Ängsten, Wut und sogar Schmerzen verhindern. Und wir bleiben offen für alles, was auf uns zukommt – und können immer wieder neu entscheiden, wie wir uns verhalten wollen.

Sich selbst beobachten

Achtsamkeitsübungen sind ein hervorragender Einstieg, wenn Sie sich selbst besser kennenlernen und ergründen wollen. Denn im achtsamen Zustand beobachten Sie sich selbst wie eine Detektivin – ohne etwas zu bewerten. Sie sammeln Ihre Wahrnehmungen aufmerksam und akzeptieren, was ist. Diese Art der gründlichen Selbstbeobachtung ist ein wichtiger Schlüssel zur Selbsterkenntnis, mit der wir die Muster unseres Denkens, Fühlens und Handelns erkennen können – und somit Gelegenheit erhalten, entsprechend gegenzusteuern und uns zu verändern. Im westlichen Kulturkreis werden Achtsamkeitsübungen und Meditationen aufgrund dieser Erkenntnisse im Rahmen verschiedener Psychotherapie-Methoden mit Erfolg eingesetzt.

Neues entdecken

Achtsamkeit ist eine Forscherinnenhaltung. Zu den ersten Entdeckungen gehört, dass der Blick nach Innen uns bereichert und uns eine üppige Auswahl an Möglichkeiten zu denken und zu handeln eröffnet. Achtsamkeit ist keine weltabgewandte Haltung mit engen moralischen Anforderungen. Ganz im Gegenteil: Sie ist eine intensive Erkundung des Lebens, die den Blick nach Innen richtet, und so zur Ergänzung und Erweiterung unserer Möglichkeiten im Außen beiträgt.

Wir sind es gewohnt, schnell zu urteilen, einzuteilen in »mag ich« und »mag ich nicht« und unsere Aufmerksamkeit sofort dem nächsten Reiz zuzuwenden. Deshalb ist es am Anfang schwierig, konzentriert zu bleiben und einfach nur wahrzunehmen. Doch mit der Zeit finden wir immer mehr Spuren, die zu unserem Inneren führen. Das ist sehr interessant, weil wir nach und nach so viel über uns lernen. Dass wir dabei auch unsere Schwächen entdecken, macht es zwar nicht immer einfach und erfordert manchmal auch viel Mut. Doch dranzubleiben lohnt sich und hilft, uns so zu akzeptieren wie wir sind und echtes Selbst-Bewusstsein zu entwickeln. Wer sich entdeckt, sich seiner selbst bewusst wird, der beginnt auch, freundlicher mit sich und anderen umzugehen.

Sieh alles mit deinen eigenen Augen. Wenn du zögerst, verpasst du dein Leben

Buddhistische Weisheit

ACHTSAMKEIT ALS MEDIZIN

MBSR (Mindful Based Stress Reduction/Achtsamkeitsbasierte Stressreduktion) ist das zurzeit wohl weltweit bekannteste und erfolgreichste Programm zur Stressreduzierung. MBSR umfasst ein achtwöchiges Training, bei dem täglich rund 45 Minuten lang die Aufmerksamkeit für die Selbstwahrnehmung geübt wird. Der Biologe Jon Kabat-Zinn hat es Ende der 1970er Jahren an der University of Massachusetts entwickelt, um Patientinnen mit chronischen Schmerzen zu behandeln. Seitdem hat es einen Siegeszug um die ganze Welt angetreten: Die Methode wird heute nicht mehr nur bei Patientinnen und Patienten mit chronischen Schmerzen angewandt, sondern auch in vielen anderen Bereichen wie dem Burnout-Syndrom oder Depressionen eingesetzt.

AUF ERKUNDUNGSTOUR GEHEN

»Betrachten Sie eine Rosine!« Mit dieser Aufforderung beginnt die erste Lektion der Achtsamkeitsschulung von MBSR. Die Übung eignet sich hervorragend für den Einstieg in eine achtsame Selbstwahrnehmung. Dabei kreist die ganze Aufmerksamkeit um eine Rosine. (Wenn Sie Rosinen nicht mögen, können Sie genauso gut ein anderes Lebensmittel wählen.) Wie sieht sie aus? Wie fühlt sie sich an? Wie duftet sie? Wie schmeckt sie im ersten Moment? Wie verändert sich der Geschmack nach einer Minute? Nach zwei Minuten? Es ist eine sehr genaue Untersuchung, die alle Sinne erfasst und voller Überraschungen steckt.

Probieren Sie es mit der folgenden Übung einfach mal aus! Nehmen Sie sich so viel Zeit für die einzelnen Schritte, wie Sie möchten. Die Rosine lädt Sie ein zu einem ersten vergnüglichen, spielerischen und sinnlichen Einstieg in die Achtsamkeitsschulung. Konzentrieren Sie sich auf Ihre Sinneswahrnehmungen, und beobachten Sie sich dabei ganz genau!

DER KLASSIKER: DIE ROSINE

Legen Sie eine einzelne Rosine vor sich auf den Tisch.
- Betrachten Sie die Rosine: Was sehen Sie? Beschreiben Sie die Rosine für jemanden, der Rosinen nicht kennt: Wie sieht sie aus? Welche Form hat sie, welche Farbe? Wie ist die Oberfläche beschaffen? Welche Bilder stellen sich ein, wenn Sie die Rosine betrachten?
- Spüren Sie die Rosine: Was fühlen Sie, wenn Sie die Rosine in die Hand nehmen? Ist sie rau, prall, feucht, trocken, zart, biegsam?
- Bewegen Sie die Rosine zwischen Ihren Fingern: Wie fühlt es sich an?
- Riechen Sie an der Rosine: Halten Sie die Rosine ganz nah an Ihre Nase. Vielleicht auch abwechselnd an das rechte und das linke Nasenloch. Gibt es Unterschiede? Ist der Duft so, wie Sie ihn erwartet haben? Läuft Ihnen das Wasser im Mund zusammen?
- Schmecken Sie die Rosine: Legen Sie die Rosine auf Ihre Zunge. Gibt es schon einen Geschmack, den Sie wahrnehmen? Bewegen Sie die Rosine langsam in Ihrem Mund. Verändert sich der Geschmack? Platzieren Sie die Rosine zwischen Ihren Zähnen, wissend, dass Sie gleich zubeißen werden. Wächst der Speichelfluss? Beißen Sie noch nicht zu, sondern prüfen Sie den Geschmack. Seien Sie sich zuerst der Absicht zu kauen bewusst, und beißen Sie dann ganz bewusst zu. Kauen Sie so langsam, wie Sie können. Beachten Sie die Veränderungen im Geschmack. Kauen Sie so langsam wie möglich weiter, bis die

Rosine völlig zerkleinert ist. Nehmen Sie die Absicht zu schlucken wahr. Spüren Sie die Bewegung hinten am Rachen und an der Speiseröhre.

- Was hat Sie überrascht? War es ein Vergnügen? Oder tauchten Gefühlen wie Ungeduld, Langeweile oder Gier auf?
- Nehmen Sie alles so achtsam wie möglich wahr, bevor Sie die Übung beenden.

Nur beobachten, nicht werten

In der Rosinen-Übung sind drei wichtige Elemente enthalten, die Sie für alle Achtsamkeitsübungen und auch für Meditationen brauchen:

> - die gezielte Lenkung der Aufmerksamkeit auf ein Objekt,
> - das Verweilen der Konzentration darauf und
> - das Nicht-Werten.

Das Wesentliche der Achtsamkeitspraxis liegt nicht im Objekt, auf das Sie Ihre Aufmerksamkeit richten. Es spielt also keine Rolle, ob Sie sich auf eine Frucht, Ihren Atem, ein Geräusch oder eine Bewegung konzentrieren. Entscheidend ist die Qualität der Aufmerksamkeit, die Sie aufbringen. Jede Form der Wertung stört die Beobachterinnenposition, denn sie lenkt Sie vom Wesentlichen ab, Wenn Sie zum Beispiel denken: »Die Rosine schmeckt ja viel süßer als ich dachte«, kommt Ihnen als nächstes vielleicht schon in den Kopf, dass Sie die Süße von Schokolade bevorzugen würden ... Ihre Kollegin neulich keine wirklich leckeren Pralinen zur Besprechung mitgebracht hat ... dass diese Arbeitsmeetings in letzter Zeit immer weniger effektiv werden ... – und schon sind Sie dabei zu werten, statt zu beobachten und damit von Ihrer eigentlichen Aufgabe völlig abgekommen.

Achtsamkeit kann jeder Mensch lernen und trainieren. Zwar ist regelmäßiges Üben unerlässlich, aber dafür werden Sie bald mit einem bewussteren und selbstbestimmteren Leben belohnt.

WEISHEITSGESCHICHTE

Ein Mönch kam auf seiner Wanderschaft in ein kleines Dorf. Die Bewohnerinnen freuten sich über den Fremden. Endlich konnten sie jemandem all die Fragen stellen, die sie spirituell bewegten. Eine Frage lag ihnen besonders am Herzen: »Welchen Sinn siehst du in deiner stillen Meditation?« Der Mönch, der gerade Wasser aus dem Brunnen schöpfte, überlegte einen Moment. Dann sagte er: »Schaut in den Brunnen. Was seht ihr?«

Die Menschen schauten in den Brunnen. »Wir sehen nichts«, antworteten sie. »Dann seht jetzt nochmal hin«, riet der Mönch. Sie schauten nochmal in den Brunnen, und jetzt antworteten sie: »Wir sehen uns selbst.«

»Als ich vorhin das Wasser aus dem Brunnen schöpfte, war es unruhig. Jetzt ist es ruhig. Das ist die Erfahrung der Meditation: Wenn der Geist zur Ruhe kommt, dann seht ihr euch selbst. Und jetzt wartet noch eine Weile, und schaut dann wieder in den Brunnen.«

»Jetzt sehen wir den Grund des Brunnens!« sagten die Menschen *»Dann habt ihr das Geheimnis von stiller Meditation erkannt: Wer lange genug wartet, der sieht auf den Grund aller Dinge!«* erwiderte der Mönch und wanderte weiter.

Ruhe und Einsicht entwickeln

Meditationen sind das Herzstück der Paramita Dhyana. Sie helfen dabei, Konzentration zu entwickeln und die Natur des Geistes zu ergründen, um zu innerer Ruhe und Einsicht zu gelangen. Zwar gibt es eine Vielzahl unterschiedlicher Arten von Meditationen, doch sie alle lassen sich im Grunde zwei Richtungen zuordnen.

> Samatha: die Ruhe-Meditation

Die Konzentration zielt bei der Samatha-Meditation auf ein Objekt – und zwar in seinem statischen Aspekt wie bei der Konzentration auf einen Punkt. Als Konzentrationsobjekte eigenen sich Kerzen, Bilder oder Mantren. Wenn sich die Konzentration mehr und mehr in ein Objekt vertieft, wird der Atem immer ruhiger und der Geist konzentrierter.

> Vipassana: die Einsichts-Meditation

Bei der Vipassana-Meditation steht die Beobachtung der Veränderung im Mittelpunkt. Der Fokus ist ganz auf den Moment der Veränderung ausgerichtet. Konkret heißt das, wer Einsichtsmeditationen praktiziert, muss den Geist ruhig und konzentriert halten und gleichzeitig alle Empfindungen, Gedanken und auftauchenden Bilder wahrnehmen. Vipassana-Objekte sind ihrer Natur nach unbeständig. Meditierende beobachten, wie Gefühle kommen und gehen. Es geht darum zu beobachten, ohne sich einzulassen, ohne zu werten, ohne etwas abzumildern oder zu verstärken. Einsicht entsteht durch die direkte Erfahrung der Realität, also dessen, was im gegenwärtigen Moment geschieht – ohne Denken und Bewerten. Die Erkenntnis, dass nichts für sich gesehen positiv oder negativ ist, und etwas erst dadurch zum Problem wird, dass wir es werten, beruhigt und senkt den Stresspegel. Das spüren alle, die meditieren. Für buddhistisch ausgerichtete Meditierende geht die Wirkung noch darüber hinaus: Sie werden sich der ständig veränderlichen Natur aller Erfahrungen bewusst und hier sehr konkret an das Prinzip der Vergänglichkeit herangeführt.

Beide Formen der Meditation sind durchlässig, sodass wir auch von der Samatha- auf die Vipassana-Meditation umschalten können. Dazu müssen wir lediglich die Art der Aufmerksamkeit ändern, von der ruhigen Wahrnehmung und Beobachtung hin zum Aufspüren von Veränderungen. Das gelingt besonders gut mit Hilfe des Atems: Wir können einfach eine Zeitlang das Heben und Senken des Brustkorbs aufmerksam wahrnehmen und anschließend genau beobachten, ob und wie sich der Rhythmus oder eine andere Qualität des Atems verändert.

Augenblick für Augenblick kommen wir aus der Leerheit hervor. Das ist wahre Lebensfreude.

Zen-Meister Shunryu Suzuki

DEN ATEM WAHRNEHMEN UND BEEINFLUSSEN

Über den Atem als wichtige Quelle unserer Lebensenergie machen wir uns selten Gedanken. Würde der Atem nur funktionieren, wenn wir ihn bewusst steuern müssten, wären wir überfordert und würden das wohl nicht lange überleben. Zum Glück fließt der Atemrhythmus aber unwillkürlich, weil er vom vegetativen Nervensystem gesteuert wird, das zur inneren Selbstregulation der lebenswichtigen Funktionen wie Herzschlag, Atmung, Blutdruck, Verdauung und Stoffwechsel dient. Es stellt so einen reibungslosen Ablauf des Zusammenspiels aller Organe sicher – ohne, dass wir eingreifen müssen.

Der Atem kann aber noch mehr: Er bildet gleichsam eine Brücke zwischen Körper und Geist, verbindet beide und kann sie in Einklang miteinander bringen. Indem wir ihn genau beobachten, kann er uns auf unsere seelische Verfassung aufmerksam machen, denn er spiegelt unser Befinden. Sind wir ausgeglichen, fließt der Atem sanft und regelmäßig. Sind wir nervös oder ängstlich, atmen wir unruhig, flach und schnell. Bei einem großen Schreck kann die Atmung sogar kurzfristig aussetzen oder stocken.

Der Atem spiegelt aber nicht nur unser Befinden, wir können ihn auch zeitweise selbst steuern und ihn wunderbar wie ein Werkzeug nutzen, um unsere Verfassung zu beeinflussen. Denn eine tiefe, gleichmäßig ruhige Atmung ist das beste Rezept für körperliches und seelisches Wohlbefinden, da sie Stress ausschließt. Nehmen wir beispielsweise bei Angst oder Hektik unsere entsprechend kurze und unruhige Atmung wahr, können wir schon durch ein paar tiefe Atemzüge bewusst gegensteuern und so ruhiger werden. Oder wenn wir im stressigen Alltag eine Ruhepause brauchen, eignet sich eine kurze Auszeit, in der wir tief durchatmen, ideal zum Auftanken. Und auch beim Meditieren kann die Konzentration auf den Atem sehr hilfreich sein.

MIT ABLENKUNGEN ZURECHTKOMMEN

Die Atemmeditation erscheint zwar auf den ersten Blick recht simpel, Sie werden aber schnell merken, dass das nicht der Fall ist. Denn der Geist sucht ständige Bewegung, die Konzentration schweift ab, und dann macht sich auch noch der Körper bemerkbar. Die Übungsanweisung lautet, still zu sitzen, doch wenn die Beine einschlafen, der Rücken schmerzt, sich Müdigkeit ausbreitet, dann brauchen Sie viel Engagement und Beharrlichkeit, um wirklich still sitzen zu bleiben und weiter zu üben.

Wer anfängt zu meditieren muss mit Ablenkungen und inneren Widerständen rechnen. Dazu gehört die Erfahrung, wie schwierig es ist, seinen Geist länger auf ein Objekt zu konzentrieren und dabei zu bleiben. Im Buddhismus wird dieses Phänomen »Affengeist« genannt. Wie ein Affe von Ast zu Ast turnt, springt unser Geist von einem Gedanken zum anderen, denn unsere Aufmerksamkeit ist sprunghaft und schwer zu halten. Meditation schult Sie darin, sich beim Denken zu erwischen und wieder zum Objekt Ihrer Aufmerksamkeit zurückzugehen.

DEN AFFENGEIST ZÄHMEN

Wenn Sie Ihre Konzentration auf den Atem verlieren, schaltet sich Ihr Denken ein. Ihnen werden Dinge einfallen, die vor Ihnen liegen, vielleicht taucht auch etwas aus der Vergangenheit auf, möglicherweise knüpft sich daran eine weitere Erinnerung. Dann geschieht wieder ein Sprung in die Zukunft, zum Beispiel der Gedanke an einzuhaltende Verpflichtungen. Und schon meldet sich wieder die Vergangenheit mit einem schlechten Gewissen wegen unerledigter Arbeiten. Und so geht es munter hin und her.

Obwohl die eigentliche Aufgabe während der Meditation die nicht-wertende Konzentration auf den Atem ist, erhebt unser Gehirn alle nur denkbaren Einwände: »Ist das langweilig ... das bringt doch eh nichts ... das kostet mich zu viel Zeit ... mir tut der Rücken weh ... jetzt ist der Fuß schon wieder eingeschlafen ...« Dann kommen die Ablenkungen durch Gedanken an Vergangenes und Zukünftiges dazu: »Ich muss nachher noch einkaufen ... hätte ich doch bloß nichts zu Uschi gesagt, bestimmt bekomme ich noch Ärger ... was gibt es wohl zum Mittagessen? ...« Die Ablenkungsmanöver unseres Geistes sind zahllos, die Gedanken selten wichtig oder konstruktiv, aber dafür umso hartnäckiger. Wir treiben von Thema zu Thema, bis wir endlich merken, was wir da gerade tun.

Währenddessen entgeht uns völlig, was in diesem Moment, im Jetzt, passiert. Die Gegenwart nehmen wir nur selten bewusst wahr. Das wäre vielleicht weniger schlimm, wenn wir diese Eigenart ausschließlich in unangenehmen Situationen und zur Ablenkung nutzen könnten. Doch auch die schönsten Momente entwischen unserer Wahrnehmung, sei es eine Wiedersehensfreude, das Glücksgefühl über einen unerwarteten Anruf oder die Erleichterung über eine bestandene Prüfung. Der Affengeist bringt uns um das volle Auskosten der schönen Augenblicke in unserem Leben. Und wir beschneiden unser Vergnügen selbst, wenn wir nicht gegensteuern.

Ruhe einkehren lassen

Dafür sind Achtsamkeitsübungen und Meditationen das ideale Mittel, denn durch mentales Training können wir die affenähnliche Natur unseres Geistes erkennen, akzeptieren und zähmen. Deshalb heißt es, freundlich, aber bestimmt alle Gedanken ziehen zu lassen und immer wieder zum Atem, zum jetzigen Moment zurückzukehren und die Übung erneut aufzunehmen. Gönnen Sie Ihrem Affengeist Zeit, sich an die ungewohnte Ruhe zu gewöhnen. Und seien Sie dabei geduldig und freundlich mit sich selbst. Denken Sie daran: Auch geübten Meditierenden fällt es nicht immer leicht, den Affengeist auf eine Aufgabe zu konzentrieren. Mit der Zeit gelingt es aber immer besser – und es wird sich lohnen. Denn es gibt keinen effizienteren Weg zum Glück, als sich selbst zu entdecken.

Die Atem-Meditation ist, sobald Sie etwas Übung haben, an keine Körperhaltung, an keine Zeit und an keinen Ort gebunden. Sie können sie ganz pragmatisch als Konzentrationsübung, als Auszeit und auch zur Stressreduktion anwenden. Ob Sie an der roten Ampel stehen, auf den Bus warten oder in der Schlange im Supermarkt nur langsam vorankommen – immer wieder bieten sich Gelegenheiten, um den Atem zu beobachten. Niemand erkennt, was Sie tun, wenn Sie sich einfach für einige Momente auf das Ein- und Ausatmen konzentrieren. Und schon nach kurzer Zeit sind Sie in einer anderen Verfassung.

DIE ATEMMEDITATION

Setzen Sie sich aufrecht hin. Es ist nicht wichtig, ob Sie auf einem Hocker, einem Meditationskissen oder einem Stuhl sitzen. Wesentlich ist, dass Sie aufrecht sitzen, und zwar in einer Haltung, die Würde ausstrahlt, und dass Sie für die Zeit der Meditation ungestört sind.

Am besten stellen Sie sich eine Uhr, dann haben Sie einen klaren zeitlichen Rahmen. Es können 5 Minuten sein oder 30. Gut für Ihr Selbstwertgefühl und für die Schulung Ihrer geistigen Disziplin ist es, wenn Sie sich an die Zeit halten, die Sie sich selbst vorgegeben haben.

In dieser Übung werden Sie nichts anderes tun, als das Ein- und Ausströmen Ihres Atems an der Nase zu beobachten und jeweils bis 10 zu zählen.
- Zählen Sie eins beim Ausatmen und
- zwei beim Einatmen.
- Und weiter: drei beim Ausatmen,
- vier beim Einatmen und so weiter bis zehn.

Sobald Sie beim zehnten Atemzug angekommen sind, fangen Sie wieder mit eins an. Am deutlichsten spüren Sie den Atem in der Nase, aber Sie können auch den Brustkorb oder den Bauchraum beobachten. Stellen Sie sich vor, Sie wären die Wächterin des

Atems, und Sie wollten jedes einzelne Ein und Aus kontrollieren. Verfolgen Sie den Weg eines Atemzugs, bis der nächste auftaucht. Sobald Sie merken, dass Ihre Konzentration abschweift und Gedanken auftauchen, fangen Sie wieder von vorn an zu zählen. Lassen Sie Ihre Bewertungen ziehen wie Wolken: Sie kommen und gehen. Doch jetzt spielen sie keine Rolle. Jetzt ist nur das eine wichtig:

- eins beim Ausatmen,
- zwei beim Einatmen,
- drei beim Ausatmen …

Spuren im Gehirn

Am Beispiel der Atem-Meditation haben Sie erfahren, wie wohltuend und hilfreich Meditationen sind. Für dieses Phänomen interessiert sich auch die Wissenschaft. Während die ersten Forschungen nur mit tibetischen Mönchen und Langzeitmeditierenden gemacht wurden, die mindestens 10.000 Stunden Meditationserfahrung hatten, wird in neueren Studien oft mit Probandinnen gearbeitet, die nur ein Kurzzeittraining hinter sich hatten. Trotz dieser gravierenden Unterschiede wird bei allen Testpersonen dieselbe Tendenz beobachtet: Jede, auch wenn sie erst seit wenigen Wochen meditiert, fühlt sich weniger gestresst und insgesamt wohler. Sogar eine einmalige Unterweisung in einer Meditationspraxis machte diese Menschen freundlicher und großzügiger als die Nicht-Meditierenden aus der Kontrollgruppe. Dass Meditationserfahrung einen ausgleichenden Einfluss auf Körper und Psyche hat, ist mittlerweile auch unter Wissenschaftlerinnen keine Frage mehr. Und da diese Phänomene so interessant sind, gibt es immer mehr beachtenswerte Untersuchungen.

Konzentration ist Trumpf

Um zu überprüfen, ob Meditierende in der Lage sind, sich besser zu konzentrieren als Nichtmeditierende, entschied man sich für den Stroop-Test. Dieser wird üblicherweise eingesetzt, um Konzentrationsstörungen zu untersuchen. Das Verfahren nutzt das Phänomen, dass trainierte Handlungen nahezu automatisch ablaufen, während ungewohnte mehr Aufmerksamkeit und eine längere Entscheidungsphase erfordern.

Gemessen wird beim Stroop-Test die Fähigkeit, Handlungsimpulse zu kontrollieren. Dafür soll die Probandin so schnell wie möglich die Farbe benennen, in der ein Wort geschrieben ist. Die Schwierigkeit besteht darin, dass die Schriftfarbe meist nicht dem Farbwort entspricht.

Stellen Sie sich vor, Ihnen wird das Wort »Grün« gezeigt, das jedoch in blauer Farbe geschrieben ist. Dann wäre »Blau« natürlich die richtige Antwort, aber die Versuchung, Grün zu lesen, also spontan die Farbe zu nennen, ist enorm groß. Es erfordert eine erhöhte Konzentration, die automatische Antwort zu unterdrücken. Dementsprechend hoch ist die Fehlerquote in einer untrainierten Gruppe. Der Test ist eine echte Herausforderung. Im Internet können Sie ihn selbst ausprobieren.

Gegen den Automatismus

Um die Veränderung der Konzentrationsfähigkeit nach einem Meditationstraining zu messen, haben Forscherinnen eine untrainierte mit einer trainierten Gruppe verglichen. Die Teilnehmerinnen der Gruppe, die ein sechswöchiges Training absolviert hatte, schnitten insgesamt deutlich besser ab als die Kontrollgruppe. Innerhalb der Gruppe war zusätzlich zu beobachten, dass die Fehlerhäufigkeit der Teilnehmerinnen umso geringer war, je höher sie ihre eigene Achtsamkeit einschätzten.

Die Meditierenden erlagen beim Stroop-Test deutlich seltener der Versuchung, automatisch zu lesen und zu antworten, weshalb sie auch weniger Fehler machten als die Kontrollgruppe. Dabei wies die trainierte Gruppe eine höhere Aktivität der elektrischen Hirnströme auf, was sie in die Lage versetzt, mehr neuronale Ressourcen, also mehr »Hirnschmalz«, auf die Lösung der Aufgabe zu verwenden, als die Mitglieder der Kontrollgruppe. Fazit der Wissenschaftlerinnen: Meditieren verbessert die Reizverarbeitung und die Fähigkeit, sich fokussiert zu konzentrieren.

DIE WIRKLICHKEIT WAHRNEHMEN

Wenn Menschen an unsinnigen Entscheidungen festhalten und zum Beispiel bei einer finanziellen Fehlinvestition noch weiteres Geld nachschießen, obwohl klar ist, dass dies nichts bringen wird, dann wird manchmal gesagt: »Er wirft dem guten Geld schlechtes hinterher.« Das geschieht verstärkt dann, wenn schon viel investiert wurde. Vor allem in den Wirtschaftswissenschaften wird dieses Phänomen intensiv untersucht. Dort heißt es »eskalierendes Commitment« und beschreibt dieses widersinnige, unrealistische Verhalten mit offensichtlichen Wahrnehmungsverzerrungen, die dafür sorgen, dass der Status Quo ignoriert wird. Doch dieses Phänomen wird nicht nur in der Wirtschaft beobachtet. Auch im Privaten gibt es viele Beispiele, in denen Menschen wider besseres Wissen in aussichtslosen Situationen verbleiben. Denken Sie nur an unglückliche Ehen, deprimierende Arbeitsplätze oder längst gescheiterte Pläne. Fachleute kennen dafür zwei Erklärungen: Menschen wollen an einem weit fortgeschrittenen Projekt beziehungsweise einer langen Beziehung festhalten, weil sie bereits viele Ressourcen investiert haben und diese nicht verschwendet sein sollen. Oder sie glauben noch immer, dass die Situation trotz eindeutiger Gegenbeweise gut ausgehen wird. In solchen Situationen kann Meditation hilfreich sein, wie die folgende Untersuchung zeigt.

Auf die Gegenwart fokussiert

Forscherinnen wollten wissen, ob Meditation die Rationalität von Entschlüssen beeinflussen kann. Dazu wurden Versuchspersonen zuerst von einem Tonband zur Meditation angeleitet und danach einem eskalierenden Commitment-Szenario ausgesetzt. Die Kontrollgruppe erhielt keine Meditationsanleitung. Das Ergebnis: Diejenigen, die vor dem Versuch an der Meditation teilgenommen hatten, waren deutlich offener für neue Argumente und wesentlich aufgeschlossener gegenüber alternativem Verhalten. Die Teilnehmerinnen der Kontrollgruppe dagegen wurden in ihrer Wahrnehmung immer enger und für neue Lösungen immer weniger offen. Sie verfolgten gegen alle Rationalität weiter das einmal gesteckte Ziel, obwohl die Chancen zur Realisierung erkennbar schwanden.

Die Forscherinnen interpretieren das folgendermaßen: Selbst eine kurze Meditation kann Menschen vor einem eskalierenden Commitment bewahren; sie sind weniger stark von ihren Emotionen beeinflusst und – das finde ich am überraschendsten – sie sind stärker an der Realität orientiert! Dieses

Szenario widerlegt also sehr deutlich ein immer wieder gehörtes Vorurteil über die angebliche Weltabgewandtheit von Meditierenden. Ganz im Gegenteil nehmen sie die Realität sogar klarer wahr, weil sie sich ganz auf die Gegenwart fokussieren, statt sich von unbewussten Emotionen leiten zu lassen.

EMOTIONEN KONTROLLIEREN

Wissenschaftlerinnen haben untersucht, wie sich Meditierende entscheiden, wenn es um Fairness geht. Dafür eignet sich das so genannte Ultimatumspiel: einer Probandin A wird in jedem Durchgang ein bestimmter Geldbetrag angeboten, von dem sie der Spielerin B einen Anteil anbieten soll. Nimmt B das Angebot beim ersten Mal an, bekommen beide Teilnehmerinnen den vereinbarten Anteil. Lehnt B aber ab, bekommt auch A nichts. Dann gehen beide leer aus. Zu den Regeln gehört auch, dass die beiden Personen nicht miteinander kommunizieren dürfen, damit Feilschen unmöglich ist. Bietet also zum Beispiel Person A von 100 Euro Gesamtsumme einen Betrag von 10 Euro an und B akzeptiert das nicht, dann bekommt keine von beiden Geld. Die Runde ist vorbei. Es ist üblich, dass Teilnehmerinnen Angebote ablehnen, die ihnen unfair erscheinen. Meistens ist das der Fall, wenn ihnen nur 20 Prozent der Summe angeboten werden. Vernünftig wäre es allerdings, jeden Betrag anzunehmen, weil das immer noch mehr ist als nichts – und somit ein Gewinn.

Als diese Versuchsanordnung mit praktizierenden Buddhistinnen durchgeführt wurde, nahmen diese signifikant mehr solcher »ungerechten« Angebote an als andere Teilnehmerinnen. Und überraschenderweise nicht aus emotionalen, sondern aus rationalen Gründen und einer realistischen Einschätzung der Situation: Etwas vom Kuchen ist besser als nichts. Die in dieser Studie aufgezeichneten Gehirnaktivitäten zeigten, wie sich das Verhalten der Teilnehmerinnen im Gehirn abbildete: Bei den Meditierenden waren die Bereiche des Gehirns aktiviert, die eine rationale Verarbeitung anzeigen. Die emotionalen Bereiche, in denen das Ungerechtigkeitsgefühl und damit verbunden Zweifel und Ärger beheimatet sind, waren abgekoppelt. Die Gehirnaktivität im vorderen Inselkortex, der stark an der Verarbeitung emotionaler Inhalte beteiligt ist, war reduziert, der hintere Kortex, der für das Wahrnehmen von Körperempfindungen zuständig ist, war erhöht. Die Meditierenden konnten also ihren Körper besser wahrnehmen und deutlicher spüren, ob Ärger im Bauch rumort oder Recht-haben-Wollen die Schultern steif werden lässt. Das ließ sie die rationaleren Entscheidungen treffen und entsprechend wählen, welches Verhalten angemessen ist – abgekoppelt von emotionalen Bewertungen. Meditation scheint also rationale Bewertungen zu fördern und erlaubt es uns, Situationen realistisch einzuschätzen und mit mehr Umsicht und Klugheit zu handeln.

ÜBEN VERÄNDERT DAS GEHIRN

Meditationen haben also viele positive Effekte. Am wirkungsvollsten sind sie, wenn wir regelmäßig üben und so diesen Einfluss auf unser Gehirn verankern. Wie lernfähig es tatsächlich ist, wissen wir noch nicht lange. Bis vor wenigen

Jahrzehnten waren Laiinnen wie Fachleute davon überzeugt, dass die Lernfähigkeit mit der Jugend endet: »Was Hänschen nicht lernt, lernt Hans nimmermehr«. Sigmund Freud und seine Schülerinnen rieten sogar lange davon ab, ältere Patientinnen zu therapieren, weil sie angeblich zu unflexibel seien. Solche Einschätzungen sind heute längst überholt, denn die Hirnforschung hat inzwischen zweifelsfrei bewiesen, dass die enorme Lernfähigkeit des Gehirns mit dem Alter zwar nachlassen kann, sich die eventuell entstehenden Defizite jedoch durch Training kompensieren lassen. Auch das erwachsene Gehirn bildet bei entsprechenden Angeboten ständig neue Verschaltungen, sodass Hans durchaus noch lernen kann, was Hänschen nicht geschafft hat. Das gilt für den Intellekt ebenso wie für Emotionen: Weder verblassen sie im Alter, noch werden sie weniger wichtig. Diese Fähigkeit des Gehirns, sich ständig neu zu organisieren, nennen die Neurowissenschaftler »Plastizität«. Sie ist eine Anpassungsleistung, eine Reaktion auf Reize aus der Umwelt, die uns immer Neues lernen und verstehen lässt.

Lerneffekte in jedem Alter

Alles, was uns bewegt, hinterlässt Spuren im Gehirn. Die Synapsen, die Kontaktstellen zwischen den Nervenzellen, werden angesprochen, neue Nervenbahnen werden gebildet oder schon vorhandene verstärken sich bei wiederkehrenden ähnlichen Impulsen. So werden Signale weitergeleitet, und es passiert das, was wir als Lernen bezeichnen. Das heißt vereinfacht ausgedrückt: Im Gehirn entstehen entsprechend seiner Nutzung gebrauchsabhängige Spuren, Bahnen, Muster oder

Schaltkreise. Dabei ist Wiederholung, also Üben, ein wichtiger Aspekt. Je häufiger und je emotionaler wir etwas wiederholen, umso stärker wird die Bahn: Unser Gehirn speichert das, was wir üben.

Und so passiert es auch während der Meditation. Wir lenken unsere Aufmerksamkeit auf innere Prozesse, fokussieren uns auf einen Inhalt und halten die Konzentration darauf gerichtet. Dieser Prozess verändert das Gehirn. Er prägt schon beim ersten Mal bestimmte Bahnen und lässt Muster entstehen, die bei jeder weiteren Wiederholung intensiver werden. Die Spuren, die das Üben hinterlässt, lassen sich im Gehirn von Meditierenden genauso gut beobachten, wie andere intensive Nutzungen.

Zum Beispiel wurden Londoner Taxifahrerinnen untersucht. Sie müssen rund 25.000 Straßennamen und 20.000 Sehenswürdigkeiten parat haben, um eine Fahrlizenz zu erwerben. Diese weltweit einmalige Ausbildung dauert drei bis vier Jahre. Bei den Vorher-Nachher-Untersuchungen des Gehirns wurde festgestellt, dass der Hippocampus, das Areal, das für die Erinnerung an Straßen entscheidend ist, bei den Taxifahrerinnen nach dem langen Training mehr graue Substanz aufwies. Die Forscherinnen vom University College in London sehen das als Beweis dafür, dass Lernen Strukturen im Gehirn verändert: Je nach Nutzung – und in jedem Alter.

Die Geheimnisse des Körpers ergründen

Achtsamkeitsübungen und Meditationen können wir hervorragend durchführen, indem wir unseren Körper beobachten. Denn ihn haben wir, wie unseren Atem, immer bei uns. Zudem spiegelt er unsere Wahrnehmungen und unser Befinden und weist uns dadurch einen Weg zu unseren Gedanken und Gefühlen. Wie unmittelbar der Körper auf äußere Wahrnehmungen reagiert, zeigt sich in vielen Situationen: Wir zucken zusammen, wenn jemand geschlagen wird, und verziehen das Gesicht, wenn jemand in eine Zitrone beißt. Uns läuft das Wasser im Mund zusammen, wenn wir etwas Köstliches riechen. Und wenn wir zu den mitfühlenden Menschen gehören, dann können wir manchmal sogar am eigenen Körper spüren, wenn andere traurig sind und leiden. Wir lassen uns vom Gähnen eines anderen Menschen ebenso anstecken wie von seinem Lachen. Und denken Sie an Ihre Magenschmerzen bei einem knappen Abgabetermin oder an das köstliche Herzklopfen beim ersten Date! In den meisten Fällen reagiert der Körper unmittelbar, und zwar lange bevor wir eine Situation mit dem Verstand erfasst haben.

Deshalb sind körperliche Reaktionen eine sehr wichtige Informationsquelle, die wir umso besser einordnen und nutzen können, je bewusster und differenzierter wir sie wahrnehmen. Wenn wir uns zunächst ganz auf das Wahrnehmen konzentrieren, eröffnen sich viele Möglichkeiten, mit unseren Beobachtungen umzugehen. Wir können uns bewusst entscheiden, wie wir reagieren wollen und ob wir ersten Impulsen nachgeben oder erst nachdenken wollen, bevor wir uns für ein bestimmtes Verhalten entscheiden. Wir nehmen das Heft selbst in die Hand und lassen uns nicht mehr so leicht zu unbedachtem Handeln verleiten. Wer seine körperlichen Reaktionen rechtzeitig erkennt, kann so manchen Streit und manche Dummheit vermeiden.

Während des Bodyscans können wir gut beobachten, wie eng unsere Gefühle und unser Körper zusammengehören. Erst durch unseren Körper können wir unsere Gefühle spüren, wir können sie sogar im Körper lokalisieren: Trauer legt sich oft auf die Brust, Angst schlägt sich meist auf den Magen, Wut steckt häufig im Kiefer.

DEN KÖRPER SCANNEN

Es ist also in jeder Hinsicht ein Gewinn, wenn wir unsere Körperwahrnehmung kultivieren. Als Übungen dafür haben sich die so genannten »Bodyscans« etabliert, die zu den besonders gut erforschten buddhistischen Techniken gehören. Bei ihnen geht es nicht darum, Gefühle oder Spannungen zu unterdrücken, sondern sie im Gegenteil genau wahrzunehmen, zu spüren, zu akzeptieren – und dann gleich wieder loszulassen. Den meisten Menschen fällt es nicht leicht, während der Übung eine klare Vorstellung ihres Körpers im Gehirn aufzubauen und sich mit geschlossenen Augen jede Körperpartie vorzustellen. Denn genau das wird während der

Übung gemacht: Der Körper wird minutiös durch Beobachten abgetastet (»gescannt«) und dabei so genau wie möglich wahrgenommen. Da die Aufmerksamkeit systematisch durch den Körper geführt wird, entwickelt sich eine verfeinerte Wahrnehmung.

Ich werde Ihnen in diesem Kapitel drei verschiedene Bodyscans vorstellen, von denen Sie sich einen geeigneten aussuchen können. Es spricht aber auch nichts dagegen, wenn Sie Ihren eigenen Weg durch den Körper entwickeln. Sie können nichts falsch machen, solange Sie dabei lernen, Ihren Körper deutlich zu spüren. Das Einzige, was ich Ihnen aus meiner Erfahrung rate, ist, die Übung immer im Hara, also im Bauchraum, oder bei den Füßen, ausklingen zu lassen. Das vermittelt ein Gefühl von Stabilität und Sicherheit, das Sie gut mit in den Alltag nehmen können. Wenn Sie die Übung mit der Konzentration auf den Kopfbereich schließen, dann steckt dort die ganze Energie. Unter Umständen führt das zu Überaktivität, Spannungen oder Kopfweh.

ORDENTLICH DURCHFEGEN

Körperbeobachtung ist eine sehr alte Technik, die aus der Theravada-Tradition des Buddhismus stammt. Ich habe diese Übung zum ersten Mal vor bald zwanzig Jahren bei Ayya Khema, einer inzwischen verstorbenen, wunderbaren buddhistischen Lehrerin gelernt. Damals hieß die Übung noch »Body-Sweeping«, frei übersetzt: den Körper durchfegen. Heute wird meist der Ausdruck »Bodyscan« verwendet.

Die Übung ist so wichtig, weil sie viele wertvolle Aspekte vereint: Sobald Sie zu üben beginnen, konzentrieren Sie sich ganz auf sich selbst. Sie lernen sich in Ihrem Körper kennen. Ganz ohne Wertung, in reiner Akzeptanz spüren Sie von Moment zu Moment, was ist. Sie erwerben die Fähigkeit, die Außenwelt auszublenden, was in Stresssituationen enorm hilfreich ist, wenn Sie in einer anstrengenden Situation eine Auszeit brauchen. Mit dem Body-Sweeping kommen Sie wieder bei sich selbst an. Sie spüren und akzeptieren das, was ist, treten zurück und eröffnen sich damit neue Perspektiven.

Mit der Konzentration auf die Übung können Sie außerdem aus einem Teufelskreis von unproduktiven negativen Gedanken aussteigen – denn Sie konzentrieren sich jetzt auf etwas anderes. Statt zu werten, spüren Sie einfach in sich hinein, akzeptieren, was auftaucht, und lassen es los, um weiter zu beobachten, was noch auftaucht. So geben Sie sich die Möglichkeit, innerhalb kurzer Zeit neue Kraft zu schöpfen.

Der Körper ist der Übersetzer der Seele ins Sichtbare.
Christian Morgenstern/Dichter

BODYSCAN

Setzen Sie sich auf einen Stuhl. Wesentlich ist, dass Sie aufrecht sitzen, und zwar in einer Haltung, die für Sie Würde verkörpert. Erlauben Sie sich, dort anzukommen, wo Sie sich jetzt befinden. Spüren Sie Ihre Haltung und die Stellen, wo Ihr Körper den Stuhl berührt.

> Gehen Sie mit Ihrer Aufmerksamkeit ganz langsam durch Ihren Körper, und beobachten Sie minutiös, wie sich einzelne

Partien anfühlen. Es ist am Anfang leichter, sich zu konzentrieren, wenn Sie die Augen schließen.

- Beginnen Sie die Übung damit, dass Sie Ihre Aufmerksamkeit auf Ihren Kopf richten, auf Ihre Stirn, Ihre Augen … Spüren Sie, wie es Ihren Augen geht. Ruhen sie entspannt in ihren Höhlen? Oft sitzt in der Augenregion viel Spannung, beobachten Sie, wie es Ihren Augen geht, aber werten Sie nicht. Fühlen Sie vielleicht Ihre Zornesfalte? Verweilen Sie einen Moment bei Ihrem Augenbereich, und beobachten Sie, was Sie spüren. Bleiben Sie in der Beobachterposition. Identifizieren Sie sich nicht mit dem, was Sie spüren, bewerten Sie es nicht, nehmen Sie es nur wahr: das Zucken des Lids, eine Spannung, eine Müdigkeit – was immer es ist.
- Machen Sie sich zur Beobachterin, die alles, was auftaucht, wahrnimmt, akzeptiert und dann gleich wieder loslässt. Vielleicht nehmen Sie auch wahr, dass sich nur durch das Beobachten schon etwas verändert hat.
- Wandern Sie dann mit Ihrer Wahrnehmung langsam weiter zur Nase, auf den Atem, der Ihren Nasenflügeln entweicht. Spüren Sie die Wangen und Ihren Mund. Ist er locker oder angespannt? Wie geht es Ihren Lippen? Sind sie geöffnet oder geschlossen? Wie nehmen Sie Ihren Kiefer wahr? Den Oberkiefer, den Unterkiefer … gibt es Unterschiede? Bleiben Sie in der Beobachterinnenposition!
- Gehen Sie mit Ihrer Aufmerksamkeit weiter: Wie geht es Ihrem Hals? Fließt die Energie in Ihrem Hals frei? Wie geht es Ihrem Nacken? Tasten Sie sich jetzt weiter vor zu den Schultern, den Schulterblättern … Spüren Sie, ob Sie die Schultern gerade halten. Oder sind sie vielleicht nach oben gezogen?

- Wie fühlt sich Ihr Brustkorb dabei an? Ist er weit und offen, oder liegt vielleicht etwas Schweres darauf? Wandern Sie mit Ihrer Aufmerksamkeit weiter zur Halswirbelsäule und dann langsam weiter die Wirbelsäule entlang nach unten. Spüren Sie Ihren Rücken, wandern sie hinunter bis zum Po. Wie geht es Ihrer Brust? Ist Sie frei oder eng? Fließt der Atem leicht durch Ihren Brustkorb oder eher schwer?
- Wandern Sie weiter mit Ihrer Beobachtung hinunter zur Taille, zum Bauch und Becken. Verweilen Sie auch dort einen Moment, und spüren Sie Ihren gesamtem Beckenbereich. Es geht nur darum wahrzunehmen, nicht darum, etwas zu verändern.
- Gehen Sie mit Ihrer Aufmerksamkeit nun zu Ihren Armen, zu den Schultern, den Oberarmen. Wie spüren Sie Ihre Ellbogen, Ihre Handgelenke? Beobachten Sie weiter, und lassen Sie Ihre Aufmerksamkeit zu den Händen wandern. Sind Ihre Hände feucht? Warm oder kalt? Liegen Sie entspannt in Ihrem Schoß?
- Wandern Sie weiter zu Ihren Beinen. Wo haben Ihre Oberschenkel Kontakt zum Stuhl? Sind sie entspannt oder verkrampft? Spüren Sie Ihre Unterschenkel, und kommen Sie dann zu Ihren Füßen. Wie geht es Ihren Füßen? Haben Ihre Füße, Ihre Fußsohlen eine gute Erdung, einen festen Kontakt zum Boden? Oder berühren sie ihn nur leicht?
- Sie sind mit Ihrer Aufmerksamkeit einmal durch Ihren Körper gegangen. Spüren Sie ihn jetzt als Ganzes. Vielleicht hat sich etwas verändert, vielleicht fühlen Sie sich leichter oder wacher, bewusster.
- Und jetzt dehnen und strecken Sie sich, öffnen Sie Ihre Augen, und atmen Sie zum Abschluss noch einmal bewusst ein und aus.

DIE LEBENSENERGIE ZUM FLIESSEN BRINGEN

Eine Variante des Bodyscans stammt aus dem Daoismus, eine dem Buddhismus sehr verwandte Philosophie mit einer eigenen Übungskultur für den Körper. Daoistische Übungen lenken den Energiefluss. Das so genannte Qi wird aktiviert und durch geistige Konzentration gezielt durch den Körper geleitet. Das löst Blockaden im Körper und ermöglicht den freien Fluss der Lebensenergie. Die bewusst geführte Konzentration regt die Durchblutung an und wirkt gesundend auf Körper und Geist. Vor allem aber wirkt die Übung beruhigend und ausgleichend, und sie fördert den Schlaf. »Der kleine Himmelskreislauf« ist eine Analogie der Bewegungen von Sternen und Mondkreislauf zum menschlichen Körper.

DER KLEINE HIMMELSKREISLAUF

Setzen Sie sich aufrecht hin. Spüren Sie, wie Sie sitzen, und kommen Sie dort an, wo Sie sind.

- Lenken Sie Ihre Konzentration in den Bereich um den Bauchnabel. Verweilen Sie dort, bis Sie ein gutes Gefühl für diese Region entwickelt haben.
- Gehen Sie dann mit Ihrer Aufmerksamkeit weiter zur ganzen Bauchregion. Verweilen Sie dort so lange, bis Sie es an der Zeit finden, weiter zum Schambein zu wandern. Verweilen Sie dort so lange, wie es Ihnen richtig erscheint, und leiten Sie Ihre Konzentration dann weiter zum Damm. Das ist der tiefste Punkt der Übung.
- Danach gehen Sie mit Ihrer Aufmerksamkeit weiter hinauf

zum Rücken. Steigen Sie mit Ihrer Konzentration langsam die Wirbelsäule hoch bis zum höchsten Punkt, dem Scheitel. Verweilen Sie dort so lange, es sich richtig anfühlt.
- Wandern Sie dann mit Ihrer Aufmerksamkeit langsam weiter über die Nase, die Zähne, bis zum Kinn.
- Über den Kehlkopf geht die Achtsamkeit hinunter zum Brustkorb und endet wieder in der Region unterhalb des Bauchnabels – im Hara.

Genießen Sie das gute Gefühl, in Ihrem Körper zuhause zu sein. Üben Sie ausdauernd und ohne große Erwartungen. Bleiben Sie offen für das, was passiert.

DIE GEHIRNHÄLFTEN SYNCHRONISIEREN

Von allen Bodycsans, die ich kenne, ist die Hemi-Sync-Variante für mich die größte Herausforderung, aber auch die interessanteste. Hemy-Sinc wurde als Technik von Robert Allen Monroe entwickelt, um die beiden Gehirnhälften (»Hemisphären«) zu synchronisieren. Ob das in der Meditation wirklich etwas Zusätzliches bringt, darüber streiten die Wissenschaftlerinnen noch. Gesichert ist, dass Hochbegabte stärker als Normalbegabte beide Gehirnhälften gleichzeitig nutzen und dass Heilungsprozesse durch Synchronisation unterstützt werden. Aus eigener Erfahrung kann ich sagen, dass diese Übung mein Körperbewusstsein enorm verbessert hat und auch die hartnäckigsten Gedanken vertrieben werden, weil die Übung eine extrem hohe Konzentrationsleistung erfordert, um die Aufmerksamkeit präzise auszurichten.

Die Synchronisation der Gehirnhälften erreichen Sie bei

diesem Bodyscan zum Beispiel dadurch, dass Sie sich erst auf die rechte, dann auf die linke Hand konzentrieren, und schließlich auf beide Hände gleichzeitig. So geht es weiter durch den Körper, rechts, links und immer wieder gleichzeitig auf beide Seiten. Ich selbst habe viele Wochen gebraucht, bis ich mich gut auf meine Nase konzentrieren konnte. Wie lange ich gebraucht habe bis ich eine Vorstellung oder ein Gefühl für mein linkes Nasenloch entwickelt habe, werde ich Ihnen verschweigen. Verraten kann ich aber, dass es sich lohnt dranzubleiben.

Gerade bei der Hemi-Sync-Übung ist es enorm hilfreich, mit einer Tonaufnahme zu arbeiten. So werden Sie langsam und konsequent durch den Körper geführt. Wenn etwas nicht so gut klappt, wenn Sie eine Partie nicht oder nicht gut spüren, dann bleiben Sie nicht daran hängen, sondern folgen einfach weiter den Anweisungen.

Selbstverständlich können Sie sich für eine Meditationsperiode auch nur eine bestimmte Körperpartie vornehmen. Probieren Sie aus, wie Sie am besten üben können. Akzeptieren Sie, dass Sie viel Zeit brauchen, um diese Übung zu beherrschen, und dass es an manchen Tagen leichter fällt als an anderen. Doch schon nach den ersten Malen werden Sie spüren, wie tief die Entspannung danach ist, und wahrscheinlich werden Sie wie ich fasziniert weiter üben. Außerdem lässt sich das Synchronisieren nach kurzer Zeit wunderbar in den Alltag integrieren. Am Anfang brauchen Sie zum Üben eine ruhige Umgebung, aber sehr bald schon können Sie einzelne Schritte der Übung auch im wildesten Getriebe und bei großem Krach ausführen. Dann sitzen Sie vielleicht in einem lauten Wartezimmer oder in einem vollen Bus und richten einfach die Konzentration auf Ihre Nase. Erst das rechte, dann das linke Nasenloch, anschließend auf die ganze Nase. Sie werden sich wundern, wie schnell die Zeit vergeht und wie sehr sich Ihre Stimmung stabilisiert!

So, wie es zwischen Seele und Körper eine Verbindung gibt, ist auch der Körper mit seiner Umgebung verbunden.
Khalil Gibran/Dichter

Hemi-Sync

Sie können diese Übung im Liegen oder aufrecht auf einem Stuhl sitzend ausführen. Die Hände liegen neben dem Körper oder auf den Oberschenkeln nebeneinander. Schließen Sie die Augen, und richten Sie Ihre Aufmerksamkeit auf Ihre rechte Hand:

› Spüren Sie die rechte Hand. Bewegen Sie die Hand nicht, obwohl Sie diesen Impuls verspüren werden. Nehmen Sie sie nur wahr. Spüren Sie Ihren Puls? Irgendeine Spannung? Ein Zittern? Etwas Unangenehmes? Schmerzen? Ist Ihre Hand feucht? Ist sie kalt oder warm? Am Anfang braucht es Zeit, bis die Wahrnehmung deutlich wird. Bleiben Sie einfach bei der Konzentration auf die Hand. Spüren Sie jetzt jeden einzelnen Finger, und ignorieren Sie den Impuls, die Finger dabei zu bewegen. Nehmen Sie danach die Hand als Ganzes wahr. Wie fühlt sich der Kontakt der Hand zur Unterlage an? Spüren Sie genau in die rechte Hand hinein, und nehmen Sie nochmal alle ihre Feinheiten wahr.

> Anschließend wechseln Sie die Seite. Lenken Sie Ihre Konzentration von der rechten Hand auf die linke Hand. Widerstehen Sie dem Impuls, die Hand zu bewegen. Nehmen Sie sie nur wahr. Spüren Sie den Puls, irgendeine Spannung, ein Zittern, etwas Unangenehmes, Schmerzen? Ist Ihre Hand feucht, ist sie kalt oder warm? Spüren Sie jetzt jeden einzelnen Finger, und ignorieren Sie standhaft den Impuls, die Finger zu bewegen. Nehmen Sie schließlich die Hand als Ganzes wahr. Wie fühlt sich der Kontakt der Hand zur Unterlage an? Spüren Sie genau in die linke Hand hinein, und nehmen Sie deren Besonderheiten wahr.
> Konzentrieren Sie sich danach auf beide Hände gleichzeitig. Spüren Sie beide Handgelenke, beide Unterarme, beide Ellbogen.
> Gehen Sie nach diesem Schema durch Ihren ganzen Körper: Zuerst die Oberarme einzeln, den rechten, den linken, dann beide gleichzeitig. Wandern Sie im Anschluss mit Ihrer Aufmerksamkeit zu den Schultern, zuerst zur rechten, dann zur linken, danach beide gleichzeitig. Spüren Sie, ob es einen Unterschied gibt. Bleiben Sie in der Beobachterinnenposition. Wenn Gedanken auftauchen, lassen Sie sie ziehen, und kommen Sie wieder zu Ihrem Körper zurück. Nehmen Sie dann gleichzeitig beide Arme wahr: von den Schultern bis zu den Fingerspitzen.
> Gehen Sie anschließend mit Ihrer Aufmerksamkeit zum Schultergürtel. Fühlen Sie Ihren Nacken, tasten Sie ihn in Ihrer Vorstellung ab, danach die Schulterblätter, den mittleren Rücken, die Taille. Wandern Sie dann mit Ihrer Aufmerksamkeit zum unteren Rücken, zum Po. Und dann erspüren Sie den Rücken als Ganzes.
> Wenden Sie Ihre Aufmerksamkeit nun ihrem Brustkorb zu,

danach der Bauchgegend. Wandern Sie anschließend zu den Hüften, zur Beckenregion und schließlich zu den Beinen. Zu Ihren Oberschenkeln, zuerst zum rechten, dann zum linken, schließlich zu beiden gleichzeitig. Dasselbe bei den Knien, den Unterschenkeln, den Waden, den Füßen. Zuerst der rechte Fuß, angefangen bei der Fessel, dann die Ferse, die Fußsohle und schließlich jeden Zeh einzeln. Danach der linke Fuß und schließlich beide Füße gleichzeitig. Bleiben Sie in der Beobachterinnenposition.

> Spüren Sie Ihre Beine, Ihre Arme, Ihren Oberkörper.
> Richten Sie dann Ihre Aufmerksamkeit auf Ihren Hals, Ihr Kinn, Ihren Kiefer, den Oberkiefer, den Unterkiefer, den Mund, die Unterlippe, die Oberlippe, den ganzen Mund. Spüren Sie danach das rechte Ohr, das linke und dann beide Ohren gleichzeitig. Verändert sich etwas durch Ihre Beobachtung?
> Wandern Sie anschließend mit Ihrer Aufmerksamkeit zum rechten Nasenloch, zum linken, zur Nasenspitze, zur ganzen Nase. Erspüren Sie Ihr rechtes Auge, das linke, die rechte Augenbraue, die linke und den Raum dazwischen. Gehen Sie mit Ihrer Aufmerksamkeit weiter zur Stirn, zum Scheitel, und zum Hinterkopf. Spüren Sie Ihren Kopf als Ganzes und schließlich Ihren Körper als Ganzes. Genießen Sie Ihre Bewusstheit.

Öffnen Sie die Augen, und schließen Sie die Übung mit einigen bewussten Atemzügen ab.

DIE PARAMITA DANA:
DAS GLÜCK DER GROSSZÜGIGKEIT

*Unsere Glücksgefühle werden aktiviert, wenn wir anderen
etwas geben, ihnen ein Lächeln schenken oder sie großzügig
unterstützen. Indem wir das, was wir haben, mit anderen teilen,
und sie mit dem, was wir können, beglücken, machen wir
die Welt ein kleines bisschen besser und unser Herz weiter.*

Beschenken macht froh

*Alles Leid der Welt entsteht aus
dem Wunsch nach eigenem Glück.
Alles Glück der Welt entsteht aus dem Wunsch,
dass andere glücklich sein mögen.*
Shantideva

Ein oder eine Bodhisattva verspricht, die Erleuchtung nicht nur für die eigene Befreiung vom ewigen Rad der Wiedergeburten einzusetzen, sondern auch für alle anderen Menschen. Damit ist das Bodhisattva-Gelübde für mich das Herz der Paramita Dana. Mehr Großzügigkeit als in diesem Versprechen steckt, ist für mich nicht vorstellbar.

Dana gilt im Buddhismus als Heilmittel gegen Gier, Neid und Geiz. Im Vordergrund dieser Paramita steht aber nicht die äußere Geste, wenn wir etwas geben oder etwas demonstrativ loslassen, das wir lieber behalten möchten. Es geht um die innere Haltung von Großzügigkeit, denn Dana ist das Gegenteil von Kleinlichkeit und Enge. Das eigentliche Geschenk soll nicht der äußere Akt des Gebens sein, sondern die innere Haltung von Liebe. Die hohe Schule des Gebens ist, es von Herzen gern zu tun. Sobald wir aufhören, Dankbarkeit zu erwarten, irgendeine Belohnung, einen Vorteil oder Bestätigung, geht es uns selbst besser. Wir spüren das auf eine neue, sehr befriedigende Weise. So wird ein heilsamer Kreislauf in Gang gesetzt.

Wie sehr unsere Motivation die Qualität unseres Geschenks bestimmt, spürt auch die Beschenkte genau. Bestimmt kennen Sie die höchst unterschiedlichen Gefühle, die Geschenke schon in Ihnen ausgelöst haben. Geschenke sind dann wertvoll, wenn sie selbstlos gemacht werden – ohne die Erwartung auf eine Gegenleistung. Doch die Tugend der Großzügigkeit kennt auch Gegenspielerinnen.

Ist Geiz geil?

In der Tradition des christlichen Abendlandes gilt Geiz als eine der sieben Todsünden. Es ist doch bemerkenswert, dass eine Todsünde heute zu einer Tugend stilisiert werden kann, ohne dass ein Aufschrei durch die Bevölkerung geht. »Geiz ist geil«, perfekt durch die Werbung vermarktet, konnte sich als ein Leitmotiv der reichen Bundesrepublik etablieren. Das Motto drückt im Grunde unsere Schadenfreude darüber aus, dass wir etwas bekommen, was uns zu diesem Preis nicht zusteht, weil es auf Kosten anderer geht. Nichts ist gegen ein gelegentliches Schnäppchen zu sagen, doch eine Haltung, die nur darauf fixiert ist, etwas zu ergattern, für das wir nicht den angemessenen Preis bezahlen, verliert nicht nur die Moral aus dem Blick, sondern auch den Wert der Arbeit, der Leistung, die hinter jedem Produkt steckt. Wir vergessen leicht, dass wir uns mit billiger Kleidung und billigem Essen einen Vorteil auf Kosten anderer Menschen verschaffen. Und häufiger als uns bewusst ist, geht er auch auf unsere eigenen Kosten, denn wer wäre nicht auf irgendeine Weise von drastischen Einsparungen in Unternehmen oder in den Sozialsystemen betroffen?

Weniger nehmen, mehr Geben

Diese Geiz-Ökonomie geht nicht auf. Etwas zu nehmen, was uns nicht freiwillig gegeben wird, was uns nicht wirklich zusteht, ist ein Handeln, das wahrscheinlich keiner Religion, keiner Ethik oder Moral entspricht. Meine Zen-Lehrerin Diane Rizzetto formuliert in ihrem Buch *Zen für jeden Tag* die buddhistische Regel des »nicht stehlen, sondern geben« so: »Ich begebe mich auf den Weg, nur das zu nehmen, was mir bereitwillig gegeben wird, und bereitwillig alles zu geben, was ich kann.« Damit geht sie über den einfachen Gebotscharakter hinaus, indem sie drei Aspekte betont, die nicht auf den ersten Blick erkennbar sind. »Ich begebe mich auf den Weg« meint: Ich weiß, ich bin nicht perfekt, oft verhalte ich mich falsch, aber ich versuche es, so gut ich kann. Unter »nur das nehmen, was mir bereitwillig gegeben wird« subsumiert Rizzetto einiges, an das wir nicht sofort denken: Umweltzerstörung, Raubbau an der Natur, aber auch etwas wie illegales Kopieren, überhöhte Rechnungen schreiben oder im Hotel ein Handtuch mitgehen zu lassen.

Mit der Ergänzung »bereitwillig alles zu geben, was ich kann«, meint sie nicht nur Spenden für karitative Einrichtungen, sondern auch unsere innere Bereitschaft, unsere Zeit, unsere Talente und unser Engagement für andere zur Verfügung zu stellen. Damit beschreibt sie für mich die Tugend Dana sehr genau, denn Dana gilt sowohl als Aufforderung, großzügig mit Materiellem als auch mit Nichtmateriellem zu sein Es bedeutet, sowohl freundlich zu sein wie Verständnis aufzubringen für eine andere Sicht der Welt, Akzeptanz gegenüber Fremdem zu zeigen und uns und anderen verzeihen zu können. Wenn wir großzügig geben, dann sind wir ganz bei uns, bevor wir uns jemandem zuwenden, wir überwinden unseren Egoismus und schaffen eine Verbindung. Das kann für alle Beteiligten etwas sehr Schönes sein.

UNERWARTETE BELOHNUNG

Da Großzügigkeit in all ihren Facetten durchaus schwer fallen kann, ist es eine große Hilfe, dass die Praxis von Dana ganz von allein immer leichter wird. Denn wenn wir Dana üben, entwickeln sich neue Perspektiven, eine Dynamik kommt in Gang, die einen freundlichen Geschmack in unser Leben bringen kann. Selbst eine antrainierte Großzügigkeit wird mit der Zeit zu einer angenehmen Selbstverständlichkeit. Zu unserem Glück hat die Natur es so eingerichtet, dass wir für sozial verbindendes Verhalten wie Lächeln, Freundlichkeit, Mitgefühl und Großzügigkeit belohnt werden. Das Gehirn beschenkt uns mit Dopamin. Aber auch Serotonin, Oxytocin und die Endorphine spielen dabei eine Rolle. Dazu gesellen sich im besten Fall noch körpereigene Opioide. Dieser Mix stimmt uns euphorisch, wirkt Stressreaktionen entgegen, dämpft die Ausschüttung des Stresshormons Cortisol und stärkt unser Immunsystem. Alles zusammen löst dann Zufriedenheit und Freude aus. Und das Sahnehäubchen darauf ist, dass nicht nur eine reale Situation diesen Cocktail spendiert: Auch schöne Erinnerungen oder intensive Vorfreude stimulieren das Gehirn zu solchen Geschenken.

DOPAMIN: GLÜCKSGEFÜHLE AUS DEM GEHIRN

Vor allem Dopamin stimuliert und sendet Erregungspotenziale an die verschiedenen Gehirnstrukturen, die dann im Zusammenspiel Zufriedenheit und Freude auslösen. Dopamin ist der Botenstoff, der die guten Gefühle transportiert. Deshalb werden wir unzufrieden und traurig, wenn zu wenig Dopamin in unserem Körper unterwegs ist. Erst größere Mengen Dopamin lösen spürbare Glücksgefühle in uns aus.

Wunderbarerweise reagiert der menschliche Körper schon in Erwartung einer Belohnung mit Dopamin-Ausschüttungen. Jede kennt das Glück der Vorfreude. Allerdings muss die Realisierung – zumindest scheinbar – in erreichbarer Nähe sein!

GROSSZÜGIG LÄCHELN

Dana bedeutet auch, die guten Gefühle mit anderen zu teilen. Freundlichkeit, ein Lächeln und gemeinsames Lachen sind Geschenke, die wir unseren Mitmenschen machen können. Je häufiger wir wirklich lächeln – also das so genannte Duchenne-Lächeln, bei dem wir unsere Mundwinkel hochziehen und sich Lachfältchen um die Augen bilden –, umso bessere Laune bekommen wir und die Menschen um uns herum. Das doppelte Geschenk ist, dass sowohl bei dem, der lächelt, als auch bei dem, der angelächelt wird und zurück lächelt, das Belohnungssystem im Gehirn aktiviert wird.

LÄCHELN FÜR DIE FORSCHUNG

Auch Wissenschaftlerinnen scheinen viel Freude an dem Thema zu haben, denn die Anzahl der wissenschaftlichen Untersuchungen zum Lächeln ist enorm. Und alle bestätigen, dass Lächeln dunkle Gedanken und Stress vertreibt, und dass das Belchnungszentrum schnell darauf anspringt, Dopamin auf den Weg bringt und sich nicht nur unsere Stimmung aufhellt. Auch unser Blick auf die Welt wird selbstbewusster, kontaktfreudiger und optimistischer. Zudem ist Lächeln ansteckend, es baut Schranken ab, entwaffnet Aggressoren und stärkt das Immunsystem. Tun Sie also sich und anderen einen Gefallen und lächeln Sie großzügig wie die Buddhas!

Die Wirkung eines Lächelns auf das Gehirn ist so stark, dass Schülerinnen, die für eine Untersuchung gebeten wurden, sich während einer schwierigen Aufgabe einen Bleistift zwischen die Zähne zu klemmen, besser abschnitten als die Kontrollgruppe. Die Erklärung ist einfach: Der Bleistift zwischen den Zähnen zwingt ein Lächeln aufs Gesicht, und die entsprechenden Signale aktivieren das Belohnungszentrum im Gehirn. Dort entstehen dann Optimismus und Selbstvertrauen.

Selbst ein künstlich erzeugtes Lächeln bewirkt Gutes! Wenn Sie also mal so traurig sind, dass es Ihnen unmöglich erscheint, sich an etwas zu erinnern, das Sie auf natürliche Weise lächeln lässt, dann klemmen Sie sich einen Bleistift zwischen die Zähne! Der freundlichere Blick auf die Welt lässt dann nicht mehr lange auf sich warten.

Weisheitsgeschichte

Ein wandernder Meister war abends am Dorfrand angekommen. Dort hatte er sich unter einen Baum gelegt, um sich auszuruhen und zu schlafen. Als der Morgen graute, kam ein Dorfbewohner angelaufen, der ihn offenbar schon seit einiger Zeit gesucht hatte.

»Gib mir den Stein. Der Stein gehört mir. Gib ihn mir sofort«, schrie er dem Meister schon aus der Entfernung entgegen.

»Von welchem Stein redest du?« fragte der Meister.

»Ich hab geträumt, dass ich im Morgengrauen am Dorfrand einen Meister treffen würde, der einen wertvollen Stein für mich hat. Einen Stein, der mich für immer reich macht«, antwortete der Mann.

Der Meister durchwühlte seinen Sack, fand schließlich einen Stein und zeigte ihn dem Mann. »Könnte es sein, dass dieser Stein gemeint ist? Ich fand ihn vor ein paar Tagen im Sand. Wenn du ihn haben willst, dann schenke ich ihn dir gern.«

Voller Bewunderung und Staunen betrachtete der Mann den funkelnden Stein. Es war ein Diamant, so groß wie ein Ei. So etwas Strahlendes und Wunderschönes hatte er noch nie gesehen. Er nahm den Stein und ging stolz davon.

Doch im Laufe des Tages wurde er unruhig, und in der nächsten Nacht konnte er nicht schlafen. Im Morgengrauen suchte er schließlich den Meister erneut auf. Er weckte ihn und sagte: »Gib mir inneren Reichtum und die Weisheit, die es dir so leicht gemacht haben, einen Diamanten herzugeben!«

Die Ökonomie des Glücks

»Geben ist seliger denn Nehmen« – in diesem Bibelspruch steckt viel Wahres. Wer sich ehrenamtlich engagiert, für wohltätige Zwecke spendet, seinen Freunden und Freundinnen und der Nachbarschaft hilft, ist glücklicher. Großzügigkeit ist vor allem eine Bereicherung für diejenigen, die geben. Auf den ersten Blick erscheint es zwar wenig attraktiv, anderen zu helfen oder sich anzustrengen, wenn es keinen offensichtlichen Gewinn bringt. Doch denken Sie an die vielen Menschen, die Angehörige pflegen, die sich bei Hilfswerken engagieren, bei Umweltkatastrophen spenden oder Solidarität mit politisch Verfolgten bekunden. Sie alle tun es gern und freiwillig. Ganz offensichtlich haben wir tief in unserem Herzen (und im Gehirn) die Neigung, anderen etwas Gutes zu tun, egal, ob wir sie kennen oder nicht. Ob das nur daran liegt, dass unsere »guten Taten« mit einer Dopamindusche belohnt werden, sei dahingestellt. Jedenfalls fühlen wir uns gut, wenn wir helfen – und deshalb wollen wir ganz von allein das wiederholen, was diese guten Gefühle verursacht hat.

Grosszügigkeit ist attraktiv

Was unser Belohnungssystem anregt und uns glücklich macht, ist höchst individuell und geprägt durch das, was im

Gehirn als attraktiv abgespeichert ist. Materielles steht dabei eher selten im Vordergrund, wichtiger sind für die meisten Menschen Zuneigung und Nähe. Interessant finde ich, dass Großzügigkeit auch bei der Partnerwahl von Frauen nachweislich eine Rolle spielt. Forscherinnen der Cornell Universität konnten bei ihren Untersuchungen feststellen, dass die Zurschaustellung von Großzügigkeit durch Männer bei Frauen sehr gut ankommt. In dem Test wurden 150 Frauen Fotos mit Selbstdarstellungen von Männern vorgelegt. In einigen Berichten gab es Hinweise auf Großzügigkeit und auch altruistisches Verhalten, zum Beispiel Sätze wie »Ich helfe gern anderen Menschen«. Bei der Auswertung zeigte sich, dass Frauen deutlich lieber mit großzügigen Männern zusammen sind – selbst wenn es sich nur um kurze Affären handelt.

Ein weiteres, sehr interessantes Ergebnis dieser Untersuchung ist, dass die großzügigen Männer beruflich oft überdurchschnittlich erfolgreich sind und es häufig bis ganz nach oben schaffen.

Geiz hinterlässt Spuren

Geizkragen haben weniger graue Hirnsubstanz als Menschen, die großzügig sind. Das ist das Ergebnis von Untersuchungen an der Universität Zürich. Das Volumen einer kleinen Hirnregion zwischen Scheitel- und Schläfenlappen beeinflusst die Neigung zu Großzügigkeit oder Geiz. Ernst Fehr, der Leiter der Studie, betont, dass damit bewiesen sei, dass ein Zusammenhang zwischen

Hirnanatomie, Hirnaktivität und altruistischem beziehungsweise nicht-altruistischem Verhalten besteht.

Festgestellt hatten die Forscherinnen diese Zusammenhänge durch eine einfache Versuchsanordnung: Die Probandinnen mussten Geldbeträge zwischen sich und einem anonymen Spielpartner aufteilen. Währenddessen wurde ihre Gehirnaktivität aufgezeichnet. Einige Teilnehmerinnen zeigten sich geizig, andere großzügig. Die Großzügigen haben nicht nur mehr graue Masse, sie fühlen sich auch besser.

Das Geheimnis des Glücks liegt nicht im Besitz, sondern im Geben. Wer andere glücklich macht, wird glücklich.
André Gide/Schriftsteller

Der Mythos vom egoistischen Gen

Trotz unzähliger Gegenbeweise galt der Mensch bei führenden Wissenschaftlerinnen lange als reiner Egoist, der nur seinen eigenen Erfolg sieht und die maximale Erfüllung seiner Vorstellungen betreibt. »Jeder ist sich selbst der Nächste«, das meint der Volksmund zu wissen. Doch mittlerweile haben sich immer mehr Forscherinnen von der Vorstellung eines »Egoistischen Gens«, das immer und überall nur seinen Vorteil sucht, verabschiedet. Inzwischen sind Untersuchungen über die Auswirkungen von Geben und Nehmen in den Fokus des Interesses gerückt. Verhaltensforscherinnen, Biologinnen, Psychologinnen, Neurologinnen und neuerdings auch Ökonominnen untersuchen mit Tests und bildgebenden

Techniken, was in unserem Gehirn passiert, wenn wir uns freundlich, großzügig und kooperativ verhalten. Ein Ergebnis: Menschen, die glücklich sind, spenden häufiger, und das Spenden macht sie wiederum noch glücklicher. Die Forscherinnen nennen diesen Effekt Pay-it-forward, das soll heißen, wer Freundlichkeit erlebt, wem es gut geht, der verhält sich in der Konsequenz auch anderen gegenüber großzügig und wohlwollend. Diese Erkenntnisse unterstützen das, was der Dalai Lama so ausdrückt: »Wir haben eine Tendenz zur Freundlichkeit.« Offensichtlich müssen wir nur noch daran arbeiten, um sie zu stärken.

Zusammenarbeit macht grosszügig

Ein Fehler, der uns oft in unserem Streben nach Großzügigkeit stolpern lässt, ist die Vorstellung, dass wir am weitesten kommen, wenn wir radikal unsere eigenen Interessen verfolgen, ohne auf die Bedürfnisse der Menschen um uns herum einzugehen. Doch das ist zu kurz gedacht, denn Rücksichtslosigkeit lässt uns langfristig allein zurück.

Der Neurobiologe Donald Pfaff spricht von einer Goldenen Regel, die in allen Kulturen gilt. Sie wird zwar überall etwas anders formuliert, meint im Kern aber immer etwas wie: »Liebe deine Nächsten wie dich selbst!« Es zeugt von enormer Großzügigkeit und menschlicher Größe, wenn wir dieser Aufforderung nachkommen. Denn diese Nächstenliebe ist eine tägliche Herausforderung, beinhaltet sie doch die Selbstliebe ebenso wie die Feindesliebe. Wer das versucht, übt sich in der Paramita Dana.

Die Wertschätzung anderen gegenüber können wir schon

im Kleinen zeigen, in ganz alltäglichen Situationen, in denen wir nicht unseren Vorteil suchen, sondern auf Kooperation und Gegenseitigkeit setzen: Ich behandle dich fair, und du behandelst mich fair.

Dazu passt eine Untersuchung, die unter dem Namen »Gefangenendilemma« bekannt wurde und Möglichkeiten der Kooperation unter Gefängnisinsassinnen durchgespielt hat. Die Ausgangssituation: Zwei Probandinnen wird eine gemeinsame Straftat vorgeworfen. Leugnen beide, dann fällt die Strafe gering aus. Macht sich eine zum Kronzeugen und sagt gegen die andere aus, kommt sie frei, und die andere bekommt eine hohe Strafe. Die Crux in der Versuchsanordnung ist, dass sich die beiden nicht miteinander besprechen können. Keine weiß, wie die andere sich verhält. Hier entscheidet nur das Vertrauen in eine mögliche Kooperation – und das hatten die meisten Probandinnen tatsächlich. Neurobiologisch ergab diese Studie übrigens, dass das Gehirn auch diese Sonderform von Altruismus unterstützt: Das Belohnungssystem der Gefangenen wurde aktiv, wenn die Entscheidung für die Kooperation, also für das gemeinsame Absitzen der Strafe fiel.

Dana zu verwirklichen heißt auch, dass wir zu verstehen versuchen, was uns und anderen nutzt und was uns und anderen schadet.

MACHT GELD EINSAM?

Der bekannte Neurowissenschaftler Manfred Spitzer spricht in seinen Vorträgen immer wieder über die verderbliche Wirkung von Geld auf unser Leben. Seine These lautet: Geld macht unglücklich und einsam. Dazu gibt es selbstverständlich auch die Gegenthese: Geld macht glücklich. Ich bevorzuge den mittleren Weg und glaube damit den Untersuchungen, die besagen, dass Geld bis zu einer bestimmten Summe glücklich macht. Diese ist je nach Kultur unterschiedlich hoch, sichert aber ein gutes, sorgenfreies Auskommen. Alles, was deutlich darüber hinausgeht, gilt als nicht mehr relevant. Für ein Mehr an persönlichem Glück könnte dann zum Beispiel Dana, unsere Großzügigkeit, sorgen.

Mit Vorsicht geniessen

Wir sollten den Einfluss von Geld und auch das ständige Reden über Geld nicht verharmlosen. Geradezu schockierend fand ich die Forschungsergebnisse der amerikanischen Psychologin Kathleen Vohs. Ihre Probandinnen mussten an einer Reihe von Wortspielen teilnehmen. Versteckt in den einzelnen Sätzen waren Begriffe, die in Zusammenhang mit Geld stehen, etwa Bank, Gehalt, Bezahlung, Tilgung, Vermögen und so weiter. Unbemerkt von den Teilnehmerinnen hatte die Versuchsleiterin durch diese Begriffe im Gehirn der Teilnehmerinnen eine Bahnung zum Thema Geld angelegt. Anschließend bat sie alle um kleine Gefälligkeiten. Die Auswertung der Ergebnisse war erschreckend: Die Teilnehmerinnen, in deren Wortspielen verstärkt Geld-Worte eingeschmuggelt worden waren, zeigten sich deutlich weniger hilfsbereit als die der Kontrollgruppe. Außerdem neigten sie stärker dazu, allein zu arbeiten und größere körperliche Distanz zu anderen Menschen zu suchen. Hinzu kam, dass sie seltener Hilfe in Anspruch nahmen und weniger bereit waren, für einen guten

Zweck zu spenden. Das Thema Geld scheint also direkte Auswirkungen auf unser Verhalten anderen gegenüber zu haben und einer großzügigen Grundhaltung eher im Weg zu stehen.

ZWISCHEN GLÜCK UND VERGNÜGEN UNTERSCHEIDEN

Mit der folgenden Übung können Sie den entscheidenden Unterschied zwischen wahrem Glück und kurzzeitigem Vergnügen erfassen. Diese Übung hilft Ihnen dabei, den Wert von materiellen Dingen zu relativieren.

- Denken Sie an eine Situation, die für Sie vergnüglich war, zum Beispiel als Sie zuletzt Schuhe gekauft haben, im Kino Popcorn oder in einem Café Eis gegessen haben. Schließen Sie die Augen, und lassen Sie sich gedanklich ganz auf die Situation ein. Stellen Sie sich genau vor, wie sie begann und wie sehr Sie sie genossen haben. Bleiben Sie weiter in dem Bild, und beobachten Sie, wie lange das vergnügliche Gefühl andauert. Spüren Sie, dass es sich nach einiger Zeit verändert? Wann es sich verändert? Welche anderen Gefühle tauchen auf? Langeweile? Ein schlechtes Gewissen? Oder vielleicht eine angenehme Sättigung? Ein befriedigendes Gefühl? War das Vergnügen kurz oder lang? Hat es Sie zufrieden zurückgelassen? Können Sie noch heute etwas davon spüren?
- Wenn Sie sich über Ihre Gefühle und deren Dauer klar geworden sind, dann lassen Sie sich auf eine andere Situation ein: Suchen Sie nach Situationen, in denen Sie etwas empfunden haben, das für Sie echtes Glück beschreibt. Vielleicht konnten Sie jemandem etwas Wichtiges schenken. Jemanden

glücklich machen. Oder Sie haben etwas ganz Besonderes bekommen, eine Liebeserklärung, einen Dankesbrief, eine Einladung. Erfahrungen von Glück und tiefer Zufriedenheit können sich auch in der Natur einstellen: bei einer Wanderung in den Bergen, dem Blick auf eine weite Landschaft, oder beim Schwimmen im Meer.

- Welche Erlebnisse wirken in Ihnen noch heute nach? Welche Erfahrungen haben einen bleibenden Wert für Sie?

GROSSHERZIG VERGEBEN UND LOSLASSEN

Eine besondere Form von Großzügigkeit können wir üben, wenn wir verzeihen lernen. Es ist die wirksamste Methode, um alte Belastungen loszuwerden und großzügiger mit uns und anderen umzugehen. Insbesondere Situationen, in denen wir gedemütigt wurden, in denen wir uns ausgeschlossen, verletzt oder verlassen gefühlt haben, bleiben äußerst lebhaft in unserem Gedächtnis. Im ersten Moment sträubt sich alles in uns gegen die Vorstellung, jemandem zu verzeihen, der uns belogen, betrogen und blamiert hat. Doch langfristig gibt es kein besseres Mittel, um sich von solchem Ballast zu befreien.

VERZEIHEN BRAUCHT ZEIT

Das ist leichter gesagt als getan, denn Verzeihen unterliegt nicht unseren üblichen rationalen Entscheidungsmechanismen. Es funktioniert nicht als Willensakt. Verzeihen ereignet sich! Das heißt nicht, dass wir nichts dafür tun müssten, sondern nur, dass wir für den Prozess oft viel Zeit und eine intensive Auseinandersetzung mit uns und der Situation brauchen. Wenn Sie jemand belügt und betrügt, werden Sie sich – nach dem ersten Schreck – mit den Umständen beschäftigen, die dazu geführt haben und versuchen, eine Haltung zu den Geschehnissen zu finden. Wenn zum Beispiel der

Ehepartner fremdgegangen ist, kann dieser Vertrauensbruch eine (scheinbar) heile Welt zerstören. Doch selbst der innigste Wunsch, dass alles wieder so wird wie zuvor, schafft es nicht, die Tatsachen zu verdrängen. Die Situation hat sich verändert, und wir brauchen Zeit zum Akzeptieren, zum Heilen und schließlich zum Verzeihen.

Wir sollen immer verzeihen, dem Reuigen um seinetwillen, dem Reuelosen um unseretwillen.

Marie von Ebner-Eschenbach/Schriftstellerin

EIN AKT DER STÄRKE

Manche Menschen glauben, dass Verzeihen ein Zeichen von Schwäche ist. Das Gegenteil ist der Fall: Ein solcher Schritt erfordert Mut, denn wir stellen uns alten, unangenehmen Geschichten und überwinden unsere Angst vor der Konfrontation. Verzeihen ist auch nicht dasselbe wie aufgeben oder resignieren. Resignation enthält für mich den Beigeschmack von Unterwerfung, Vergeblichkeit und Ohnmacht, während unsere Bedürfnisse nach Klärung, Akzeptanz und Selbstbestimmung untergehen. Dagegen ist Verzeihen eng verbunden mit Freundlichkeit, Mitgefühl und Großzügigkeit mit uns selbst und anderen. Sobald wir etwas akzeptieren, verzeihen und damit loslassen, entkommen wir unseren inneren Dämonen. Wir haben unser Leben wieder selbst in die Hand genommen und uns den Herausforderungen gestellt.

AUTOPILOTIN AUSSCHALTEN

»Wenn du auf einem toten Pferd sitzt, dann steig ab«, sagt ein indianisches Sprichwort und trifft damit den pragmatischen Aspekt des Verzeihens: Es ist sinnlos, sich immer wieder in den gleichen destruktiven Gedankenschleifen und Bildern zu bewegen. Wer den nächsten Schritt gehen will, muss aufhören, das tote Pferd zu reiten.

Es braucht dann einen neuen Blickwinkel, um die Situationen möglichst unvoreingenommen zu betrachten und so für alle darin enthaltenen Aspekte und Möglichkeiten offen zu bleiben.

Das ist aber gar nicht so einfach, denn wir schalten bei Bekanntem und Wiederholungen schnell auf »Autopilotin«. Das heißt, wir reagieren und bewerten automatisch, ohne dass uns das bewusst wird. Ständiges Wiederholen von negativen Gedanken sorgt für immer stärkere Verschaltungen im Gehirn, denn auf das Gehirn wirkt Wiederholung wie ein positives Feedback – ganz gleich, ob es tatsächlich konstruktiv oder destruktiv ist. Die häufige Wiederholung schafft immer mehr Verbindungen zwischen den Nervenzellen, und wir werden gleichsam zu unseren eigenen Marionetten. So ist es leicht zu verstehen, warum schon die Veränderung kleiner, aber fester Muster mühsam sein kann.

DIE PERSPEKTIVE WECHSELN

Versuchen Sie in einer schwierigen Situation einmal, einen Preis-Leistungs-Vergleich gedanklich durchzuspielen: Was kosten mich meine Wut, meine Eifersucht, meine Traurigkeit oder meine Enttäuschung? Was kostet es die Menschen, die davon betroffen sind? Und was bringt es mir? Wie fühle ich mich damit? Und: Wie wäre es, wenn ich diese Situation loslassen würde?

Oder stellen Sie sich ganz konkret die folgenden zwei Szenarien vor: Im ersten Fall ist jemand wütend auf Sie, aber schließlich vergibt er Ihnen. Im zweiten Fall sind Sie lange auf jemanden wütend gewesen, und jetzt entschließen Sie sich, zu verzeihen. Welche Situation bedeutet die größere Erleichterung, welche nimmt Ihnen die größere Last von den Schultern?

Die meistens Menschen empfinden die zweite Situation als größere Erleichterung, denn dem anderen begegnen wir nur gelegentlich – mit uns selbst sind wir aber ständig konfrontiert. Auch wenn es auf den ersten Blick anders aussieht: Vor allem diejenigen, die verzeihen, profitieren davon!

Sobald wir loslassen und verzeihen, wird die seelische Energie, die wir vorher zum Festhalten und Wütendsein gebraucht haben, frei. Und das bedeutet einen enormen Zuwachs an Kraft, Vitalität und Selbstbewusstsein. Plötzlich erhalten wir die Freiheit, das zu tun, was wir wollen. Loslassen ist oft ein langsamer Prozess. Auf dem Weg dahin, müssen wir uns und anderen viel verzeihen. Trotzdem lohnt es sich, weil dadurch auch alte Wunden heilen.

AUGEN AUF UND DURCH!

Eine Wurzel des Leidens an der Welt ist die Weigerung, sich zu verändern. Wir wissen, dass wir nichts festhalten können, aber das macht uns Angst. Darum versuchen wir oft, Veränderungen, die uns nicht geheuer sind oder auf den ersten Blick nichts Gutes verheißen, mit aller Macht zu verhindern. Das Motto lautet: Besser das bekannte Unglück als das unbekannte Glück. So bleiben wir in unglücklichen Partnerschaften, deprimierenden Arbeitsverhältnissen und verpassen wichtige Vorsorgeuntersuchungen. Wir tun vieles, um Entwicklungen aufzuhalten, doch das gelingt uns nur in den seltensten Fällen und dann auch meist nur vorübergehend. Während wir planen, nimmt das Leben seinen eigenen Verlauf. Die Schwierigkeiten, das zu akzeptieren, ziehen sich durch jedes Leben. Darum ist es gut, ein Repertoire an Techniken zu entwickeln, die die Angst vor dem Loslassen lindern können.

Im Buddhismus ist es selbstverständlich, dass negative Gedanken und destruktive Verhaltensmuster akzeptiert werden müssen, bevor wir sie loslassen können. Unangenehmes wird nicht verdrängt oder beschönigt, sondern wir konfrontieren uns damit. Indem uns die Mechanismen bewusst werden, ist die Macht der Gewohnheit durchbrochen – der Weg für etwas Neues wird frei. Trainieren können wir diese Haltung mit Achtsamkeitstraining und unterschiedlichen Meditationen, wie sie auch in diesem Buch zu finden sind.

Wir müssen der Wandel sein, den wir in der Welt zu sehen wünschen.

Mahatma Gandhi

SEDONA: LOSLASSEN BEFREIT

Eine Technik, die zwar nicht von buddhistischen Lehrerinnen entwickelt worden ist, aber das Herz buddhistischer Praxis genau trifft, ist die Sedona-Technik. Angestoßen durch sein persönliches Schicksal hat der US-Amerikaner Lester Levenson eine Selbstbefragungstechnik entwickelt, die Klarheit über Gefühle schafft und erlaubt, sie loszulassen. Joko Beck, eine sehr bekannte buddhistischen Lehrerin, war von der Methode ebenso überzeugt wie Wissenschaftlerinnen der Harvard und der State University in New York, die sie wegen ihrer Einfachheit, Effizienz und der Schnelligkeit von sichtbaren Ergebnissen gelobt haben.

Ausgangspunkt der Methode ist die Annahme, dass Gefühle unser Leben bestimmen. Allerdings sind sie unbeständig: Wir können nicht verhindern, dass sie kommen und gehen, aber wir können verhindern, dass sich schlechte Gefühle festsetzen, wenn wir lernen, sie rechtzeitig wahrzunehmen. Das Ziel ist es, sich durch intensive Selbstbefragung von destruktivem Denken zu lösen und sich für etwas Neues zu öffnen. Das Herzstück der Übung ist die Akzeptanz für den Ist-Zustand.

Sedona funktioniert nicht mit Druck. Wir beobachten und stellen etwas fest, nämlich ob sich ein Gefühl verändert oder nicht.Und dann prüfen wir, ob wir das Gefühl loslassen können und wollen oder nicht. Probieren Sie es aus:

Sich selbst befragen

1. WIE FÜHLE ICH MICH? WAS FÜHLE ICH?
Diese Frage öffnet die Tür: sich selbst bedingungslos zu spüren und sich die auftauchenden Gefühle zu erlauben – das erfordert Mut. Wer würde Unangenehmes nicht lieber wegdrücken, als sich ihm auszusetzen und es dann auch noch präzise in Worte zu fassen? Erlauben Sie sich, an Ihren verpatzten Vorstellungstermin zu denken, an Ihre Scheidung, an den Krach mit der Freundin. Und erlauben Sie sich die Gefühle, die dabei auftauchen. Der Prozess des Loslassens funktioniert nur, wenn wir bereit sind, das zu spüren, was ist. Denn nur das, was wir spüren, können wir loslassen.

2. KÖNNTE ICH DIESES GEFÜHL AKZEPTIEREN, WIE ES IST – NUR FÜR EINEN AUGENBLICK?
Um an diesen Punkt weiterzukommen, heißt es Akzeptanz zu üben. Akzeptanz ist sowohl ein Begriff der Sedona-Technik, als auch der buddhistischen Haltung. Zu echter Akzeptanz können wir uns ebenso wenig zwingen wie zu echtem Verzeihen. Für beides brauchen wir Einsicht, Wohlwollen und Großzügigkeit. Wichtig bei diesem Schritt ist die Ehrlichkeit sich selbst gegenüber. Es gibt keine falsche Antwort und nichts zu beweisen. Antworten Sie ehrlich mit »ja« oder »nein«.

3. KÖNNTE ICH DIESES GEFÜHL LOSLASSEN – NUR FÜR DIESEN MOMENT?
Wie fühlt sich Loslassen für Sie an? Was bedeutet es für Sie, groß-

zügig zu sein, zu verzeihen? Um andere kleinzuhalten, sich zu rächen oder um sich vermeintlich zu schützen, wird das Verzeihen oft hinausgezögert oder vermieden. Typisch dafür sind die Machtspiele in Beziehungen. Dem Ex wird nicht verziehen, weil man darin einen Trumpf vermutet, der immer wieder ausgespielt werden kann. Aber können wir einen anderen Menschen wirklich langfristig mit emotionaler Erpressung klein halten? Jemandem ein schlechtes Gewissen machen zu können ist keine Garantie, dass sich das traurige Erlebnis nicht wiederholt. Und Gefühle loszulassen bedeutet nicht zwangsläufig, dem anderen etwas zu verzeihen, aber es bedeutet immer, dass wir uns verzeihen.

4. WÜRDE ICH DAS GEFÜHL LOSLASSEN, WENN ICH ES KÖNNTE?

Vielleicht fällt es Ihnen schwer, das Gefühl loszulassen, das Sie in diesem Moment quält. Sie können sich eine kleine Auszeit, mehr innere Freiheit oder etwas Distanz verschaffen, indem Sie an die Form von Großzügigkeit und Loslassen denken, die Ihnen unter anderen Umständen keine Probleme bereitet: Geld spenden, Geduld aufbringen, die Bereitschaft zu helfen – was immer Ihnen leicht fällt. Oder Sie können sich Gewinne und Verluste genauer anschauen, indem Sie Loslassen und Festhalten gegeneinander abwägen. Die Gewinne sind nicht zu unterschätzen, denn solange wir uns mit Vorwürfen, Gram und Trauern beschäftigen, müssen wir nicht weitergehen. Die Neigung zur Selbstkasteiung und zur ständigen Wiederholung quälender Erinnerung ist genauso menschlich wie der Versuch, eine Entwicklung aufzuhalten. Wir bedauern uns, vielleicht bedauern uns auch andere und der gegenwärtige Trost daraus kann den Wunsch nach Befreiung aus einer schwierigen Situation sehr klein halten. Auch die Angst vor

Verlust und Veränderung, vor Einsamkeit und Versagen sitzt tief. Der Schritt zum Loslassen braucht seine Zeit.

5. WANN WÜRDE ICH DIESES GEFÜHL LOSLASSEN?

Sie wissen bestimmt, wie sich loslassen anfühlt: Vielleicht lächeln Sie, ein tiefer Seufzer kommt aus Ihrer Brust, oder Sie richten sich auf. Manchmal sind es viele kleine Veränderungen in einem langen Prozess. Jeder Mensch spürt und erlebt Erleichterung etwas anders. Doch sobald wir etwas wirklich losgelassen haben, ist es gleichgültig geworden. Wir machen uns nichts mehr aus dem, was vorbei ist, und wir schauen befreit nach vorn.

IMMER WIEDER LOSLASSEN

Wenn Sie weitermachen wollen, können Sie die Fragen so oft durchgehen, wie Sie wollen und solange Ihre Konzentration mitspielt. Fangen Sie jeweils wieder mit der ersten Frage an, und wiederholen Sie den Prozess, mit demselben Gefühl oder – falls es sich verändert hat – mit einem anderen. Wieder gibt es kein Richtig oder Falsch. Einzig Ihr Gefühl ist entscheidend. Erleben Sie immer wieder neu, um welches Gefühl es in dem jeweiligen Moment geht. Sie können etwas nur dann loslassen, wenn Sie sich vorher erlauben, es genau zu spüren. Loslassen können Sie in jeder Situation. Nach einer gewissen Übungszeit sogar während Sie streiten oder mit dem Bus fahren. Bleiben Sie geduldig. Loslassen funktioniert nicht auf Kommando, sondern erst mit der Zeit.

Die Sedona-Technik funktioniert auch bei unangenehmen Gefühlen oder einschränkenden Überzeugungen.

DIE PARAMITA SILA:
DAS GLÜCK DER FREIHEIT

*Es ist sinnvoll, unsere Einstellung und unser Handeln immer
wieder neu zu hinterfragen und zu überprüfen. So können wir
uns aus freien Stücken für unseren individuellen Weg entscheiden,
ohne auf ausgetretenen Pfaden zu gehen oder uns
von Gewohnheiten und Routinen leiten zu lassen.*

GLAUBE NICHTS – PRÜFE ALLES

Was immer es ist, dem ihr außen oder innen begegnet,
tötet es gleich. Wenn ihr einem Buddha begegnet,
tötet den Buddha! So erlangt ihr Befreiung,
ihr werdet nicht mehr von Dingen gefesselt
und durchdringt alles frei.
Zen-Meister Linji

Die Paramita Sila steht für Selbstverantwortung und Selbstüberprüfung: Welche Werte gelten für mich? Woran will ich mich halten? Wie will ich als Mensch sein? Sila fordert uns dazu auf, unsere Moralvorstellungen und damit uns selbst zu überprüfen.

Im Zentrum von Sila steht unsere freie Entscheidung zu ethischem Verhalten. Diese gilt es immer wieder zu überprüfen, damit wir uns daran ausrichten können. In diesem Sinne lässt sich auch die Aufforderung »Triffst du einen Buddha, dann töte ihn!« verstehen: Glauben wir, den rechten Weg gefunden zu haben, sollen wir auch diesen Glauben wieder hinterfragen. Nichts glauben – alles prüfen! Erst das schafft echte Freiheit. Keine Schülerin des buddhistischen Wegs darf sich damit zufriedengeben, ungeprüft moralische Regeln oder Glaubenssätze zu übernehmen. Glauben spielt im Buddhismus keine Rolle, es kommt einzig auf Überprüfung und Erfahrung an. Und darum gilt es, alles genau zu untersuchen, auch angeblich Erleuchtete, auch den scheinbar goldenen Weg, auch jede moralische Norm. Dabei gibt es nur eine Lehrerin: die Achtsamkeit für das, was in diesem Moment passiert.

Das Besondere am buddhistischen Weg ist, dass die Schülerinnen nicht nur die Freiheit, sondern auch die Aufgabe haben, alle gängigen Vorstellung von Moral auf den Prüfstand zu stellen. Zwar gibt es im Buddhismus einen allgemeinen, klar formulierten Wertekanon, doch dessen Vorgaben entwickeln sich bei den Schülerinnen ganz natürlich aus ihrer Übung. Es ist keine beliebige Moral, sondern eine Ethik, die irgendwann ganz selbstverständlich aus dem Herzen kommt.

Die fünf Silas

Der moralische Rahmen mit den ethischen Grundwerten, die für alle Buddhistinnen gelten und von denen sie sich bei ihrem Handeln leiten lassen, sind in den fünf Silas beschrieben:

- Ich gelobe, mich darin zu üben, kein Lebewesen zu töten.
- Ich gelobe, mich darin zu üben, nichts zu nehmen, was mir nicht gegeben wird.
- Ich gelobe, mich darin zu üben, keine unheilsamen sexuellen Beziehungen zu pflegen.
- Ich gelobe, mich darin zu üben, nicht zu lügen und wohlwollend zu sprechen.
- Ich gelobe, mich darin zu üben, geistige Klarheit zu entwickeln.

Wer die Paramitas als Wegweiser wählt, für den enthält Sila die Aufgabe, sich in jeder Lebenslage und immer wieder aufs Neue intensiv mit den fünf vorgegebenen Regeln auseinanderzusetzen, um zu einem eigenen ethischen Verhalten zu finden. Einen vergleichbaren ethischen Rahmen wie die Silas gibt es in allen Religionen. Im Christentum und Judentum sind es beispielsweise die zehn Gebote. Gemeinsam ist diesen Grundregeln, dass deren Einhaltung eine Belohnung verspricht: den Weg zur Erleuchtung, Erlösung, ein Elysium oder das Paradies. Doch im Gegensatz zu den theistischen Religionen, in denen der Glaube an Gott im Zentrum steht, verlangt der Buddhismus weder Glaube noch Gehorsam, und bei Missachtung drohen weder Verdammnis noch Hölle. Vielmehr sind Buddhistinnen dazu aufgerufen, selbst die Verantwortung für ihr Denken und Handeln zu übernehmen. Statt mit einer Strafe zu drohen, heißt es im Buddhismus ganz pragmatisch, dass unser Handeln Konsequenzen hat: Das, was wir gestern getan haben und heute tun, wirkt sich aus auf das, was wir heute und morgen erleben. Diesen Zusammenhang nennen Buddhisten »Karma«.

Die Samen der Vergangenheit sind die Früchte der Zukunft.
Buddha Shakyamuni

In sich selbst suchen

Denken, aber vor allem Handeln ist das, was sich im Karma spiegelt: Wir ernten, was wir gesät haben. Um alte karmische Verstrickungen zu lösen und um zu vermeiden, dass neues schlechtes Karma dazukommt, forcieren praktizierende Buddhistinnen ihre geistige Entwicklung durch meditative Techniken. Denn sie wissen, dass sich der Mensch lebenslang durch Üben verändern und vervollkommnen kann. Darin steckt nichts Heiliges, nichts Esoterisches, nichts Übernatürliches. Das hat mittlerweile auch die Neurowissenschaft, unter anderem mit ihren bildgebenden Verfahren, bewiesen: Achtsamkeitsübungen und Meditationen verändern das Gehirn nachhaltig.

Wir müssen uns also selbst auf den Weg machen. Wo wir dabei überall vorbeikommen, wird sich zeigen. Sicher ist, dass dieser Weg der Selbsterfahrung die Möglichkeit verspricht, die Natur des Geistes kennenzulernen, und dabei die Freiheit zu erwerben, selbst zu entschieden, was Moral bedeutet und welches Verhalten angemessen ist. Aus psychologischer Sicht ist das der Weg zur Selbstwirksamkeit, also der Erfahrung, die wir machen, wenn wir erleben, dass sich etwas durch unser Handeln verändert. Dazu setzt der Buddhismus auf konsequente, achtsame Selbstbeobachtung: Was denke ich? Was verursacht das in meinem Körper? Fühle ich mich anders, wenn ich an etwas Positives denke? Wie beeinflussen meine Gedanken meine Körperhaltung?

Wahlmöglichkeiten erkennen

Die genaue Selbstbeobachtung erhöht die achtsame Grundhaltung und das Bewusstsein für die Relativität von Richtig und Falsch, von Gut und Böse. Der Buddhismus spricht vorsichtiger von »heilsamen und unheilsamen Tendenzen«. Wer achtsam ist, ertappt sich dabei, wenn etwas Ungutes durch seinen Geist geht. Nimmt frau dabei die Beobachterinnenrolle ein, verfügt sie über die notwendige Distanz, die Wahlmöglichkeiten aufzeigt. So eröffnet sich die Chance, freie Entscheidungen zu treffen – was unmöglich ist, solange wir in uns selbst verstrickt sind. Bildhaft könnte frau sagen, dass sich durch Achtsamkeit die Wolken, die über unserem Geist liegen, verziehen und sich der Nebel, der unseren Geist verdunkelt und unsere Gedanken eingeengt hat, auflöst. Durch die bewusste Beobachtung wird eine klare Sicht möglich.

Selbst entscheiden

Für unser Glück hat die Freiheit, eine Wahl zu haben und selbstbestimmt entscheiden zu können, eine enorme Bedeutung. Dabei ist es erstaunlich, wie glücklich uns schon wenige Wahlmöglichkeiten machen können. Bei einer Studie in einem Seniorenheim konnten die Forscherinnen beobachten, dass allein die Möglichkeit, sich zwischen zwei verschiedenen Mittagessen zu entscheiden, ebenso wie zwischen mehreren Ausflugszielen bei den monatlichen Aktivitäten, die Stimmung der Bewohnerinnen deutlich veränderte. Die älteren Herrschaften zeigten plötzlich generell mehr Lust, Verantwortung zu übernehmen, verabredeten sich häufiger, wurden seltener krank und beschrieben sich selbst als glücklicher.

Im Alltag werden unser Glück und unsere Lebensqualität nicht primär durch äußere Faktoren wie Geld oder Macht bestimmt. Entscheidend für unsere Zufriedenheit ist, wie wir das, was uns geschieht, bewerten, denn wir nehmen die Welt je nach unserer Sichtweise unterschiedlich wahr – und die

Perspektive können wir dabei weitgehend selbst wählen. Dieses Stück Freiheit, das wir haben, ist ungeheuer wichtig.

Unsere Entscheidungsfreiheit geht sehr weit: »Schmerz ist unvermeidlich, doch Leiden ist eine Entscheidung!«, sagt der Dalai Lama. Damit negiert er nicht den Schmerz, der notgedrungen zum menschlichen Leben gehört, sondern er betont unsere Freiheit zu entscheiden, wie wir damit umgehen. Er weist damit deutlich darauf hin, dass wir selbst entscheiden können, wie wir uns fühlen wollen. Mit unserer Interpretation der Realität bestimmen wir, wie unser Leben aussieht. Halten wir zum Beispiel aufgrund früherer Enttäuschungen eine neue Liebe von vornherein für aussichtslos, ist die Wahrscheinlichkeit groß, dass genau das zur traurigen Wahrheit wird, was wir am meisten fürchten – obwohl es nur unsere eigene Interpretation ist und mit dem Gegenüber und der Realität gar nichts zu tun hat.

Wollen wir unser Leben selbstbestimmt gestalten, gehören dazu die Einsicht in die Relativität unserer Realität und der Entschluss, uns aus negativen Denkstrukturen zu befreien. Diese Entscheidung für oder gegen etwas Heilsames muss immer wieder neu getroffen werden. Es ist also nicht so, dass buddhistisches Training automatisch gute Menschen kreiert. Es ist eher so, dass es zur Freiheit erzieht. Und diese Freiheit nährt sich immer wieder aufs Neue, weil gute Taten gute Gefühle hervorbringen. Und je mehr wir das üben, umso mehr verstärkt sich die Tendenz zum Guten.

Weisheitsgeschichte

Eines Abends, während der Zen-Meister Shichiri Sutren rezitierte, drang ein Dieb in sein Haus ein. Mit erhobenem Schwert forderte er: »Geld oder Leben!« Der aggressive Eindringling erschreckte Shirichi nicht. »Stör mich nicht. Nimm einfach das Geld aus der Schublade und verschwinde«, antwortete der Meister. Dann setzte er die Rezitation fort. Der Dieb war verwirrt, griff aber nach dem Geld. Da unterbrach der Meister seine Rezitation erneut und sagte zu dem Dieb: »Nimm nicht das ganze Geld. Lass mir etwas, damit ich morgen meine Steuern bezahlen kann.« Der Dieb legte etwas Geld zurück und lief davon. Da rief ihm der Meister hinterher: »Du nimmst mein Geld und bedankst dich nicht? Das ist sehr unhöflich!« Diese Furchtlosigkeit schüchterte den Dieb ein. Er dankte dem Meister und lief weiter, so schnell er konnte.

Ein paar Tage später wurde der Mann gefasst und wegen mehrerer Diebstähle vor ein Gericht gestellt. Auch der Meister wurde als Zeuge aufgerufen, aber er sagte nur: »Nein, dieser Mann hat mir nichts gestohlen. Ich erlaubte ihm, das Geld zu nehmen, und er bedankte sich sogar dafür.« Diese Aussage berührte den Dieb so sehr, dass er sein Leben von Grund auf änderte. Nach seiner Entlassung aus dem Gefängnis wurde er Schüler von Meister Shichiri.

DIE INNERE BEOBACHTERIN SCHULEN

Im zweiten Kapitel haben Sie bereits etwas über die Möglichkeiten der Selbstbeobachtung erfahren, darüber, wie die achtsame Wahrnehmung zur Forscherinnenhaltung wird. Diese Fähigkeit spielt auch dann eine große Rolle, wenn Sie Ihr ethisches Handeln prüfen, Ihre moralische Grundhaltung erkunden wollen. Im folgenden Abschnitt können Sie die Kunst des inneren Beobachtens vertiefen.

Selbstbeobachtung ist die Fähigkeit, nicht nur die üblichen fünf Sinneseindrücke – hören, sehen, spüren, riechen und schmecken – wahrzunehmen, sondern auch den sechsten Sinneseindruck: das Denken. In der tibetischen Philosophie gilt das Denken als eigener Sinn. Wenn wir uns beim Denken und Fühlen beobachten, weil wir uns besser kennen lernen wollen, dann sollten wir uns verhalten wie eine Detektivin, die Fremde und deren Gewohnheiten ausspionieren will. Jeder Sinneseindruck, jeder Gedanke, jeder Satz, jede Handlung und alle Eigenarten werden wie von außen betrachtet, genau wahrgenommen – und damit bewusst gemacht. Für diese Vorgehensweise braucht es etwas Mut, denn sich zu beobachten und Zeugnis abzulegen für das, was sich zeigt, bedeutet auch, die eigenen Schatten zu erkennen, sie anzunehmen und ihnen standzuhalten.

Mit Abstand mehr erkennen

Mit diesem Training entwickeln wir eine innere Beobachterin, die immer eigenständiger und selbstverständlicher wird. Das ist eine spannende und befreiende Übung. Sobald wir damit anfangen, wird das Leben durchschaubarer, denn mit einem gewissen Abstand lassen sich Gedanken und Gefühle klarer erkennen und die Motive unterscheiden. Wer sein Verhalten aus der Distanz betrachten kann, spürt, was ihn wirklich bewegt, in welchen Verstrickungen er steckt und wie Schwierigkeiten entstehen. Selbstbeobachtung ist die Chance zu einem Perspektivenwechsel und zu einem freundlicheren Umgang mit sich und anderen. Um sich mit dem inneren Beobachten vertraut zu machen, bietet sich eine Annäherung in mehreren Schritten an.

Zeugnis ablegen

Nehmen Sie sich eine Auszeit von rund 10 Minuten. Wenn es Ihnen hilft, stellen Sie sich einen Timer. Setzen Sie sich so hin, dass Sie den Raum überblicken und aus dem Fenster schauen können.
> Schauen Sie sich um, und nehmen Sie Ihre Umgebung wahr: das Zimmer, die Pflanzen, die Wände, andere Gegenstände. Nur wahrnehmen – nicht werten.
> Richten Sie dann Ihre Aufmerksamkeit durch das Fenster nach draußen. Sie sehen vielleicht auf ein anderes Haus oder auf Bäume und Wolken, die Sonne, den Himmel.

Sie werden feststellen, dass es ohne große Mühe funktioniert, Zeugin/Zeuge dessen zu werden, was Sie umgibt.

> Schließen Sie jetzt die Augen, und wenden Sie Ihre Aufmerksamkeit nach innen. Spüren Sie Ihren Körper! Während Sie mit Ihrer Aufmerksamkeit durch den Körper wandern, beobachten Sie, was Sie spüren: Wärme, Kälte, Anspannung, Herzklopfen, Magengrummeln …

Sie werden feststellen, dass es funktioniert, Zeugin/Zeuge dessen zu werden, was in Ihrem Körper passiert.

> Konzentrieren Sie sich jetzt auf das, was in Ihren Gedanken auftaucht – nur wahrnehmen, nicht werten: Erinnerungen, Pläne, Wünsche, Ängste, Freude, Bilder, Hoffnungen. All das steigt auf und verschwindet wieder, wenn Sie es loslassen.

Sie werden feststellen, dass es funktioniert, Zeugin dessen zu werden, was in Ihren Gedanken passiert.

Weniger werten, mehr wahrnehmen

Generell könnten wir sagen, dass alles, was wir einfach nur beobachten, was wir wahrnehmen und wieder loslassen, leicht und neutral ist. Das, was ist, ist! Doch sobald wir anfangen, uns mit einem Gefühl oder einer Beobachtung zu identifizieren, wird es schwierig: Wir verlieren die Distanz, den klaren Blick und beginnen zu werten. Das, was aufsteigt, bleibt nicht einfach das, was es ist. Beobachtungen, Gefühle, Bilder, Ideen werden durch unsere Wertung eingefärbt und somit ist das, was aufsteigt, schnell nicht mehr das, was es ist.

Sobald Sie beim Detektivin spielen, beim Denken und bei der Meditation eine Beobachterinnenposition einnehmen, sind Sie konzentriert. Sie sind nicht mehr Teil des Geschehens. Sie schauen von außen, was bedeutet, dass Sie sich nicht mehr mit dem, was Sie wahrnehmen, identifizieren. Sie sind nicht mehr der Schmerz, die Trauer, die Wut, der Ärger, sondern: Sie haben dieses X. Oder: Es gibt dieses X. Oder: Dort ist X. Das schafft Distanz und ist weniger emotional, weniger schmerzhaft und folglich klarer. Beobachtung neutralisiert das Beobachtete, und Sie als Beobachterin werden offener für weitere Aspekte, die in dieser Situation präsent sind.

DEN INNEREN DIALOGEN ZUHÖREN

Wenn Sie anfangen Ihre Achtsamkeit zu schulen und zu meditieren, lernen Sie, sich immer genauer zu beobachten. Dieses Nach-innen-Horchen lohnt sich auf vielen Ebenen.

› Hören Sie Ihre inneren Dialoge? Können Sie wahrnehmen, wie Sie in Gedanken mit sich selbst und anderen reden?
› Hören Sie die Tonlage der Stimmen? Wird immer wieder dasselbe gelobt oder kritisiert?
› Erkennen Sie, an welchem Punkt die Wiederholung einsetzt? Sind an diese Gedanken bestimmte Gefühle gekoppelt? Können Sie erkennen, was in Ihrem Inneren passiert und dadurch Ihr Leben bestimmt?
› Kennen Sie Ihre Sicht auf Probleme? Auf andere Menschen? Auf sich selbst?
› Wie reden Sie gedanklich mit sich selbst? Liebevoll oder eher streng? Geben Sie sich so etwas wie einen liebevollen Schubs, oder werten Sie sich selbst ab?

Sobald Sie diese inneren Dialoge oder Monologe bewusst hören, können Sie anfangen herauszufiltern, was Ihre eigenen aktuellen Überzeugungen sind und was Sie seit Ihrer Kindheit oder schon sehr lange an fremden oder längst überholten Überzeugungen mit sich herumschleppen, obwohl sich Ihre Situation verändert hat. Während Sie sich zuhören, beginnen Sie schon, sich von den alten Mustern zu distanzieren. Und dadurch, dass Sie es hören, wissen Sie auch, dass das Ganze nur in Ihrem Kopf abläuft und dass Sie es jederzeit stoppen können. Sobald Sie Ihr Stimmengewirr und Ihre wild wuchernden Einbildungen beobachten, verlassen Sie die passive Identifizierung mit Ihren Gedanken und können anfangen, selbst zu bestimmen, was durch Ihren Kopf zieht.

An Selbstbestimmung gewinnen

Innere Dialoge haben eine erstaunliche Kraft. Sie erscheinen uns als wahr, obwohl sie im Grunde meistens nichts anderes sind als die ständige Bestätigung alter Erfahrungen oder die Beschäftigung mit der Zukunft – egal, ob es positive oder negative Gedanken sind. Eine präzise Innenschau kann uns aus diesem Wust von Gedanken befreien. Sobald wir anfangen, das Geplapper in unserem Kopf zu beobachten, erkennen wir es als das, was es ist, und gewinnen an Selbstbewusstheit und Autonomie.

Das Maß unserer Veränderung wird bestimmt von unserer Offenheit für den Moment und unsere Bereitschaft, etwas Neues auszuprobieren. Die Selbstbeobachtung bringt uns dabei oft an unsere Grenzen, weil wir genau erkennen, wie viel Wahrheit, wie viel Realität, wie viel Gefühl wir zulassen können, ohne wegzuschauen, In diesem Rahmen werden wir immer wieder unausweichlich mit unangenehmen Fragen konfrontiert wie zum Beispiel: Wen werte ich ab? Bei wem fällt mir Großzügigkeit schwer – und warum? Was beeinflusst meine Werte? Wann fange ich an, meine Moral an meine Bedürfnisse anzupassen? Wodurch begrenze ich meine Toleranz, meine Freundlichkeit, meine Großzügigkeit?

Die Autopilotin stoppen

Unser Alltag ist geprägt von Wiederholungen, und zwar sowohl in unseren Gedanken als auch in unseren Handlungen. Ein Großteil unseres Lebens läuft auf Autopilotin, und das ist gut so! Wie sollten wir einen Alltag durchstehen, in dem wir uns in jedem Moment neu erfinden müssen? Trotzdem – und gerade deshalb – ist es so wichtig, immer wieder Phasen großer Bewusstheit ins Leben zu bringen. Versuchen Sie möglichst oft, Ihr Verhalten zu studieren. Erkennen Sie Ihre Muster: Könnte es sein, dass Sie schlecht nein sagen können, wenn jemand um Hilfe bittet? Werden Sie sofort angriffslustig, wenn Sie kritisiert werden? Folgen Sie unwiderstehlich dem köstlichen Duft aus einer Bäckerei? Zucken Sie zusammen, wenn eine Frau dieselbe Tonlage hat wie Ihre Mutter?

Jeder Mensch hat seine eigenen Muster, und wenn die entsprechenden Auslöser gedrückt werden, dann reagieren wir stereotyp. Doch meistens bemerken wir das überhaupt nicht. Wo bleibt da die freie Entscheidung? Viele dieser Muster schränken uns ein, behindern Veränderungen und blockieren den freien Fluss unserer Energie. Solange wir uns das nicht bewusst machen, sind wir wie Gefangene. Erst die Bewusstheit öffnet die Tür zur Freiheit. Sobald wir anfangen, uns zu beobachten, fangen wir an, uns zu verändern. Im Folgenden erfahren Sie, wie Sie automatische Reaktionen und Verhaltensmuster durchschauen und die ersten Schritte zur Veränderung einleiten können.

Du kannst die Wellen nicht aufhalten, aber du kannst lernen, sie zu reiten.

Jon Kabat-Zinn/Achtsamkeitslehrer

VERHALTENSMUSTER ERGRÜNDEN

Nehmen Sie sich Zeit, und beobachten Sie währenddessen, welche Gedanken sich wiederholen, welche Impulse das bei Ihnen auslöst und welche Verhaltensmuster daraus resultieren.

Hören Sie sich Ihre inneren Dialoge einfach nur an! Verhalten Sie sich in vergleichbaren Situationen immer gleich? Welche Faktoren beeinflussen Sie, wenn Sie sich anders verhalten? Was veranlasst Sie dazu, bei einem Menschen auf eine Bemerkung ganz anders zu reagieren als auf die gleiche Bemerkung eines Menschen, in den Sie sich gerade frisch verliebt haben? Und: Verhalten Sie sich immer gleich, wenn Sie mit einem bestimmten Menschen zusammen sind? Oder ist das abhängig von Ihrer aktuellen Stimmung? Von dem, was sonst noch in Ihrem Leben passiert? Wie Sie geschlafen haben? Ob Sie nach dem Treffen noch etwas Schönes vorhaben?

Wenn Sie sich beobachten, entdecken Sie vielleicht, dass Sie sich in vielen Situationen wie vorprogrammiert oder ferngesteuert verhalten. Gehen Sie dem nach:

- Erleben Sie diese automatischen Reaktionen nur als Blockaden oder auch als Schutz?
- Bekommen Sie manchmal Lust, etwas anderes auszuprobieren?
- Was würde sich ändern, wenn Sie sich immer dessen bewusst wären, was Sie tun?
- Wäre das erstrebenswert?

FREIHEIT GEWINNEN

Wir haben die Freiheit, unsere Gedanken zu unterbrechen, sie zu überprüfen und in einem relativ großen Ausmaß, selbst zu bestimmen, was wir denken und wie wir uns verhalten. Die Bewusstheit ermöglicht freie Entscheidungen: Belastungen, die wir spüren, Gefühle, die wir zulassen, können sortiert werden. Was wir erkennen, können wir auflösen.

Gedanken zu beobachten und zu benennen war die Meditationstechnik, die ich während meines ersten Sesshin (der Zen-Ausdruck für Übungstage im Schweigen) bei Diane Rizzetto lernte. Als sie mir die Übung beschrieb, war ich voller Widerstände und fand es für eine ernsthafte Zen-Schülerin, die immerhin schon ein Koan, ein schwieriges Zen-Rätsel, gelöst hatte, absolut unwürdig, solchen Psychokram zu üben.

DAS CHAOS IM KOPF

Anfangs war es für mich höchst befremdlich, meine Gedanken konkret zu benennen: Der Gedanke, dass ich mich über die Übung ärgere; der Gedanke, dass ich lieber anderswo wäre; der Gedanke, dass mir jetzt der Rücken weh tut; der Gedanke, dass Diane Rizzetto eine merkwürdig unkonventionelle Zen-Lehrerin zu sein scheint; der Gedanke, dass diese Übung idiotisch ist; der Gedanke, dass ich jetzt gern Schokoladenplätzchen essen würde; der Gedanke, wie schön es doch wäre, wenn ich diese Sitzperiode endlich hinter mich gebracht hätte...

Trotz meines Widerwillens begriff ich sehr bald die heilsamen Aspekte dieser Übung. Während ich anfangs vor allem über die Banalität meiner Gedanken erstaunt war, befremdeten mich bald das planlose Hin- und Herspringen und die ständigen Wiederholungen sowie das Erstaunen darüber, wie sehr mein Denken von bestimmten Mustern – Buddhistinnen würden sagen »von karmischen Impulsen« – geprägt war.

Gedanken nicht überbewerten

Irgendwann, viel, viel später, entdeckte ich dann das, was für mich das eigentliche Geheimnis des Benennens von Gedanken ausmacht und was mein Leben enorm bereichert hat. Ich begriff, dass Welten dazwischen liegen, ob ich der Meinung bin, dass Diane Rizzetto eine merkwürdig unkonventionelle Lehrerin ist, oder ob ich formuliere: Da ist der Gedanke, dass Diane Rizzetto eine merkwürdig unkonventionelle Lehrerin ist. Dadurch, dass ich den Gedanken als solchen benenne, verliert sich die Wertung, die Emotion wird schwächer und die Distanz größer. Damit verliert das Denken den Anspruch auf Wahrheit, auf eine unbedingte Realität. Übrig bleiben eine Aussage, die durchaus in Zweifel gezogen werden kann, und die Freiheit zur Veränderung.

Was mein Leben wirklich radikal verändert hat, war die Erkenntnis, dass mir die Beobachtung und Benennung meiner Gedanken einen Moment von Freiheit schenkt: Wenn ich beobachte, was ich denke, dann kann ich dieses Denken an jedem Punkt unterbrechen. Ich kann innehalten und in diesem Moment entscheiden, was ich im nächsten denken will oder tun werde. Wer seine Gedanken beobachtet, kann sie auch anhalten und aus dem ewigen Reiz-Reaktion-Muster aussteigen. Das ist für mich Befreiung! So kann ich zum Beispiel an dem Punkt, an dem ich bemerke, dass sich meine Gedanken um Neid und Missgunst drehen, innerlich Stopp rufen, um dem Großzügigkeit und Freundlichkeit entgegenzusetzen.

GEDANKEN BENENNEN

Stellen Sie einen Timer, und sorgen Sie dafür, dass Sie nicht gestört werden. Setzen Sie sich entspannt hin, und finden Sie eine Position, in der Sie für die geplante Zeit still sitzen bleiben können.
- Atmen Sie einige Male bewusst ein und aus. Spüren Sie, wie der Atem ein- und ausströmt. Werden Sie sich bewusst, dass ein Teil von Ihnen Ihren Atem beobachtet. Dieser Teil beobachtet auch Ihre Gedanken. Nehmen Sie die Beobachtungen zur Kenntnis, und benennen Sie sie: der Gedanke, dass ich noch einkaufen gehen muss … der Gedanke, dass es schön ist, Lisa morgen zu treffen … der Gedanke, dass ich eigentlich besser aufräumen sollte, als hier zu sitzen … der Gedanke, dass es blöd ist, seine Gedanken zu benennen … der Gedan-

ke, dass ich noch Kati anrufen möchte ... der Gedanke, dass es mir etwas langweilig wird ... der Gedanke, dass ...

- Bewerten Sie nicht, beobachten Sie nur, und benennen Sie, was auftaucht. Es geht nur darum, achtsam zu werden für das, was in Ihren Gedanken auftaucht. Sie werden häufig in Tragträumereien versinken, grübeln oder planen. Das ist normal. Kehren Sie dann gleich, ohne sich Vorwürfe zu machen, zu Ihrer Aufgabe zurück, indem Sie sich wieder auf Ihren Atem konzentrieren. So verankern Sie sich im Hier und Jetzt und können sich wieder auf Ihre auftauchenden Gedanken konzentrieren.
- Alternativ kann auch die Vorstellung helfen, dass Sie im Kino sitzen und Ihre Gedanken ablaufen wie Bilder, die vor Ihnen auf einer Leinwand erscheinen. Sie sind dabei eine unbeteiligte Zuschauerin, die registriert, was kommt und geht.
- Lassen Sie aus dieser Übung eine Gewohnheit werden, und machen Sie immer mal wieder eine Bestandsaufnahme dessen, was Sie denken und fühlen – ganz gleich, ob während der Meditation oder im Alltag.

Selbst bestimmen

Wenn Sie sich über einen längeren Zeitraum und mit einer gewissen Regelmäßigkeit auf diese Form der Meditation einlassen, werden Sie nicht nur bei der Übung, sondern auch in Ihrem Alltag mehrere wertvolle Folgen spüren: So wird Ihre Willenskraft ebenso gestärkt wie Ihre Konzentrationsfähigkeit, denn um bei der Aufgabe, dem Benennen der Gedanken, zu bleiben, brauchen Sie Stehvermögen und Konzentration.

Für Buddhistinnen ist die Gedankenbetrachtung und -benennung ein gutes Werkzeug, um all die Hindernisse aufzuspüren, die sich der Praxis von Sila in den Weg stellen und verhindern, dass wir unseren moralischen Ansprüchen entsprechend leben. Aber natürlich hilft sie generell, den Kopf frei zu machen und schwierige Entscheidungen zu treffen. Außerdem eignet sich das Etikettieren von Gedanken besonders, wenn Sie die Tendenz haben, sich sehr stark mit Ihren Gedanken zu identifizieren, ihnen nachzuhängen, zu grübeln oder wenn Sie sich in einer Krise befinden und von quälenden, sich ständig wiederholenden Gedanken malträtiert werden. Nutzen Sie dazu die Detektivin-Haltung. Studieren Sie Ihre eigenen Muster aufmerksam, befreien Sie sich möglicherweise daraus, und füttern Sie Ihr Gehirn mit anderen Informationen. Dadurch wird Ihr Leben selbstbestimmter, abwechslungsreicher, freier und leichter. Jeder Mensch hat das Potential, sich zu verändern, indem er alte, eingefahrene Wege verlässt und seine Fähigkeiten erweitert.

Nicht zuletzt ermöglicht uns ein solcher »Befreiungsschlag«, unsere innere Haltung zu erkunden. Und indem wir diese immer wieder hinterfragen, dringen wir immer weiter vor zu unserer wahren ethischen Haltung. Wer die Illusionen durchschaut und sich von Abhängigkeiten befreit, gewinnt Offenheit für die gegenwärtige Erfahrung. Wir gewinnen Mut und einen klaren Blick, um unsere ethischen Grundsätze zu finden – und wir haben die freie Wahl.

Die Freiheit liegt darin, die Dinge zu erkennen, wie sie sind!
Buddha Shakyamuni

Die Paramita Ksanti:
Das Glück eines entspannten Geistes

Selbst den friedlichsten Zeitgenossinnen reißt hin und wieder der Geduldsfaden – das ist verständlich. Trotzdem sind wir nie weiter von Zufriedenheit entfernt, als wenn wir negativen Gefühlen Raum geben. Achtsamkeit hilft uns dabei, geduldiger und mitfühlender zu werden und mehr Freundlichkeit zu entwickeln.

Geduldig mit sich und anderen

Mögen alle Wesen glücklich sein und Frieden finden!
Was es auch an lebenden Wesen gibt: ob stark oder schwach,
ob groß oder klein, ob sichtbar oder unsichtbar, fern oder nah,
ob geworden oder werdend – mögen sie alle glücklich sein!
Aus dem Metta-Sutra

Die Paramita Ksanti wird allgemein unter dem Begriff »Geduld« zusammengefasst, obwohl sie weit mehr beinhaltet. Zu ihr gehören Selbstbeherrschung ebenso wie Gelassenheit und Akzeptanz, aber auch Mitgefühl und Toleranz. Wollen wir Ksanti in unser Leben integrieren, verlangt uns das also eine Menge ab. Dafür werden wir aber auch großzügig belohnt. Sobald wir Ksanti üben, bauen wir Stress ab, und das tut Körper und Psyche gleichermaßen gut: Wir gewinnen an innerer Ruhe und können ein friedliches Leben in der Gemeinschaft genießen.

Mehr Erfolg auf allen Ebenen

Wenn wir uns in Geduld üben, kommt uns das in allen Lebensbereichen zugute, denn Ausdauer ist für jede Art von Lernen und Training nützlich. Ohne geduldiges Üben und Wiederholen gibt es keine tiefgreifende Veränderung – egal, ob wir Vokabeln pauken oder Fortschritte auf dem spirituellen Weg machen wollen. Auch um uns bei der Meditation selbst zu disziplinieren, brauchen wir Geduld und Mitgefühl mit uns selbst. Wenn wir die Bahnungen im Gehirn verändern wollen, hilft nur kontinuierliches Üben. Bringen wir dazu die nötige Geduld auf, gelingen uns in jedem Alter nachhaltige Veränderungen. Und wir profitieren noch weit mehr, wenn wir Ksanti entwickeln.

Wer kann warten?

Welchen Einfluss Geduld auf Erfolg im Leben hat, zeigt eine mittlerweile legendäre psychologische Langzeitstudie, die in den 1960er Jahren begann und deren Ergebnisse auch durch spätere Untersuchungen immer wieder bestätigt wurden: der Marshmallow-Test.

Dr. Walter Mischel, der das Experiment entwickelt hat, gab fünfjährigen Vorschulkindern ein Marshmallow. Diese Süßigkeit ist bei uns als Mäusespeck bekannt und ähnlich beliebt wie bei amerikanischen Kindern. Mischel versprach ein zweites Marshmallow, falls die Kinder das eine erst dann aufessen würden, wenn er mit einem zweiten zurückkäme. Etwa die Hälfte der Kinder konnte die notwendige Disziplin und Geduld aufbringen und bis zu seiner Rückkehr warten. Die übrigen Kinder konnten der süßen Versuchung nicht widerstehen und steckten die Rascherei vorher in den Mund.

Als Wissenschaftlerinnen zwölf Jahre später dieselben Kinder wieder untersuchten, zeigte sich, dass diejenigen, die ihre Bedürfnisse schon damals aufschieben konnten, sozial kompetenter und in der Schule erfolgreicher waren als die anderen. Auch vierzig Jahre danach kamen die Untersucherinnen zu denselben Ergebnissen: die Geduldigen hatten beruflich und zwischenmenschlich mehr erreicht. Das Fazit der Wissenschaftlerinnen: Menschen, die Selbstbeherrschung und Geduld aufbringen können, die eine kurzfristige Befriedigung zugunsten einer größeren langfristigen aufschieben können, sind in der Regel intelligenter, sozial kompetenter, und beruflich erfolgreicher.

GEDULDSPROBEN BESTEHEN

Das geduldige Zähmen unserer spontanen Bedürfnisse ist eine Kampfansage an alle heftigen Gefühlsäußerungen. Ob Gier, Wut, Ärger, Groll oder Hass – sie alle stellen große Hindernisse auf dem Weg zu einem glücklichen Leben dar. Sie nehmen uns unseren Frieden, vernebeln unsere Klarheit und verengen den Blick. Sie sind die Quelle von Grausamkeit und Krieg. Je mehr sie genährt werden, umso stärker werden sie. So lange wir ihnen Raum geben, haben sie Macht über uns und bestimmen unser Verhalten. Wollen wir das Ruder selbst in der Hand halten, heißt es gegenzusteuern und ein Gegengift zu finden, wie es die Tibeter ausdrücken. Das Gegengift bei Aggressivität ist traditionell die Übung von Geduld.

IMPULSEN NICHT NACHGEBEN

Verhält sich jemand unfair, ist es scheinbar die natürlichste Sache der Welt, wenn wir uns darüber ärgern. Schließlich ist das der erste Impuls, der in einer solchen Situation in uns aufsteigt. Und dem geben wir nach, so lange unsere Autopilotin an ist – aber nicht, wenn wir achtsam sind. Durch Bewusstheit wird es möglich, die inneren Beobachterinnen zu aktivieren und die aufsteigende Wut zu registrieren und vorbeiziehen zu lassen als wäre sie eine Wolke am Himmel oder ein aufziehendes Gewitter.

Zunächst geht es nur darum, die aufsteigenden Impulse achtsam wahrzunehmen, die Gefühle zu registrieren, ohne sie zu bewerten oder ihnen nachzugeben. Auf diese Weise können wir den Teufelskreis durchbrechen und den schädlichen Gefühlen den Raum nehmen, statt uns von ihnen dominieren zu lassen. Sobald wir aufhören, der Wut Platz zu machen und uns mit ihr zu identifizieren, können wir sie ziehen lassen. Diese Distanzierung schafft Raum für Veränderung. Als Beobachterin sind wir entspannter und können neutraler und vielleicht sogar versöhnlicher mit der Situation oder der Person umgehen, die uns in Rage gebracht hat.

Uns darin zu üben, uns nicht automatisch und nach den bekannten Mustern zu verhalten, ist und bleibt eine permanente Herausforderung – bei der uns Ksanti hilft. Denn geduldig mit uns selbst und tolerant mit unserem Gegenüber können wir ganz anders mit Situationen umgehen, die starke Gefühle in uns wecken.

FREUNDLICH UND ZUGEWANDT BLEIBEN

Auch wenn es ebenfalls zu Ksanti gehört, geduldig zu sein und Schwierigkeiten zu ertragen, bedeutet das nicht, sich wie ein Opferlamm alles gefallen zu lassen. Vielmehr ist das Ziel, trotz der Widrigkeiten so freundlich wie möglich mit sich und anderen umzugehen – selbst wenn wir wenig Lust dazu verspüren. Wenn wir im Groll steckenbleiben, können wir ein Unrecht damit nicht ungeschehen machen. Wir tun uns selbst weh, wenn wir daran festhalten. Unser Seelenfrieden wankt, das Herz schmerzt, und wir leiden psychisch und physisch. Heute wissen wir, dass seelisches Leid nicht nur weh tut wie körperlicher Schmerz, sondern uns auch körperlich schadet. Das Immunsystem wird geschwächt, und manche Menschen entwickeln Herz- und Hautprobleme, Magen- und Darmstörungen oder psychosomatische Beschwerden. Zwischenmenschliche Probleme gehen uns so nahe, weil wir soziale Wesen sind, die andere Menschen brauchen. Deshalb ist es so wichtig, die Tugenden von Ksanti zu kultivieren: Toleranz, Mitgefühl und viel Freundlichkeit – auch in der Kommunikation.

Mitfühlend zuhören

Dieses Wissen um die menschliche Verbundenheit und die Bedeutung der Gemeinschaft als Zuflucht ist tief im Buddhismus verwurzelt.

Deshalb gehört auch das mitfühlende Zuhören zu den wichtigen buddhistischen Techniken. Durch diese besondere Form der Achtsamkeit in der Kommunikation üben wir uns darin, unser Herz zu öffnen, unsere Gefühle wahrzunehmen und anderen wohlwollend zu begegnen. Zudem befinden wir uns mit unserem Gegenüber ganz im Hier und Jetzt, sobald wir wirklich aufmerksam und mitfühlend zuhören und miteinander reden. Wenn wir bewusst reden und zuhören, ist unsere Autopilotin ausgeschaltet, und alte Muster werden außer Kraft gesetzt. So kommt es zu echten Begegnungen und neuen Freiheiten im Zusammensein mit anderen Menschen. Wenn wir uns deutlich aufeinander beziehen, entsteht eine größere Intensität im Austausch und eine tiefe Qualität von Nähe und Verständnis, Offenheit und Empathie.

Weisheitsgeschichte

Ein Mann kam zum Meister, weil er Eheprobleme hatte. »Du musst lernen, deiner Frau zuzuhören«, riet ihm der Meister.

Der Mann nahm sich den Rat zu Herzen und ging wieder nach Hause zu seiner Frau. Nach einem Monat kam er wieder. Er erklärte dem Meister, dass er gelernt hatte, auf jedes Wort, das seine Frau sagte, zu achten, doch zu einer grundlegenden Verbesserung der Beziehung hatte das nicht geführt.

»Du musst jetzt anfangen, das zu hören, was deine Frau nicht ausspricht«, riet ihm der Meister.

Sich öffnen und Anteil nehmen

Als das Sinnbild der guten Zuhörerin gilt im tibetischen Buddhismus Avalokiteshvara, die Bodhisattva des Mitgefühls. Eine Bodhisattva ist ein erleuchtetes Wesen – männlich oder weiblich –, das versprochen hat erst dann selbst ins Nirvana einzugehen, wenn es alle anderen Menschen gerettet hat. Es gibt den Sorgen anderer Raum und heilt Kummer durch Zuhören. Dabei öffnen Bodhisattvas alle Sinne voller Anteilnahme: Augen, Ohren und Herz sind offen für die anderen, und in ihrer Haltung steckt ein großes Ja, die vorbehaltlose Akzeptanz all dessen, was die anderen auf dem Herzen haben.

RAUM FÜR ECHTE BEGEGNUNGEN

Wer mit offenem Herzen zuhört, wer andere ausreden lässt, ohne gleich zu widersprechen, stärkt die Verbindung zum Gegenüber, stellt Nähe her und lernt etwas über eine Situation oder eine Befindlichkeit, was ihr bisher entgangen ist. Bei praktizierenden Buddhistinnen wird die Übung des Zuhörens als eine Weisheitstechnik im Rahmen der Schulung der Achtsamkeit betrachtet. Es gibt buddhistische Gruppen, die die Fähigkeit zuzuhören zeitweise in den Mittelpunkt ihrer Übungen stellen. Dabei sitzt die gute Zuhörerin oder der gute Zuhörer jemandem gegenüber, der die Auflage bekommt »aus dem Herzen zu sprechen«, also sich so wahrhaftig auszudrücken, wie es nur möglich ist. Zuhörerinnen und Sprecherinnen begegnen sich mit größter Offenheit. Sie ergänzen sich und wechseln sich in ihren Rollen ab. Es geht um die eigene Wahrheit, darum, die echten Gefühle auszusprechen oder durch ruhiges Zuhören zuzulassen, ohne im gleichen Atemzug zu drohen, alte Rechnungen zu begleichen oder Schuldzuweisungen auszusprechen. Offen über sich selbst zu sprechen, hat eine enorm entwaffnende Kraft. Zu sagen »Das tut mir weh. Das tut mir leid. Das verletzt mich«, schafft Raum für eine echte Begegnung.

Es geht bei dem »aus dem Herzen sprechen« darum, dass Menschen sich besser verstehen und gemeinsam zu einer höheren Weisheit finden. Denn das stärkt die Selbst- und Fremdwahrnehmung, unterstützt den fairen Umgang miteinander und fördert eine Kultur der gegenseitigen Wertschätzung. Nicht zu vergessen ist dabei die Reduktion von sozialem Stress: Wer achtsam und von Herzen kommuniziert, der streitet nicht, sondern stillt sein Bedürfnis nach Zugehörigkeit, nach einer echten Begegnung von Herz zu Herz.

Probieren Sie es in der folgenden Übung mit einer Trainingspartnerin Ihrer Wahl!

ACHTSAME KOMMUNIKATION

- Setzen Sie sich zu zweit gegenüber, und legen Sie fest, wer zuerst spricht und wer zuhört. Wenn Sie sich damit sicherer fühlen, dann vereinbaren Sie für jeden eine feste Redezeit.
- Beobachten Sie eine Zeitlang Ihren Atem, und spüren Sie Ihren Körper und Ihre Füße auf dem Boden.
- Diese Übung schafft den Raum, das auszuprobieren, was schon in der Luft liegt, aber noch ungeklärt ist. Es geht nicht um Rechtfertigungen oder Schuldzuweisungen, sondern um Klarheit und Verbundenheit.

AUS DEM HERZEN SPRECHEN

- Wenn Sie zuerst sprechen, dann konzentrieren Sie sich jetzt auf das, was Sie bedrückt und ausgesprochen werden will. Vielleicht ist es hilfreich, wenn Sie zu Anfang versuchen, das, was Ihnen auf dem Herzen liegt, in Ihrem Körper zu orten. Der Schmerz, der Kummer, die Wut oder die Enttäuschung müssen nicht unbedingt in der Herzregion stecken. Emotionen finden sich überall im Körper.

- Während Sie versuchen, Ihr Gefühl zu lokalisieren, kann es sein, dass es sich schon verändert hat. Häufig bringt schon dessen Akzeptanz eine Erleichterung. Lassen Sie jede Veränderung zu, denn auch wenn sich ein Gefühl verändert, gibt es noch genug zu besprechen. Wichtig ist die ehrliche Erkundung dessen, was Sie auf dem Herzen haben. Das wird Ihnen dabei helfen, auch ein besonders schwieriges Gefühl wie zum Beispiel Scham, auszudrücken. Viele Menschen schämen sich ihrer Verletztheit. Häufig ist sie von Wut überlagert, denn solange wir wütend sind, spüren wir diese sehr versteckte Emotion nicht.
- Verwurzeln Sie sich jetzt in Ihrem Körper und in der Absicht, nur aus dem eigenen Herzen zu sprechen, um sich damit die Chance zu geben, einander besser zu verstehen und sich gegenseitig zu helfen.
- Während Sie sich sammeln, bedenken Sie in Ruhe noch einmal alles, was Sie ausdrücken wollen: Gedanken, Gefühle, Wünsche, Erinnerungen.
- Atmen Sie bewusst ein, bevor Sie anfangen zu sprechen.
- Kommen Sie zum Kern des Problems. Beschreiben Sie nur sich selbst in Bezug auf das das Thema. Versuchen Sie nicht, den anderen zu überreden, ihn zu beeindrucken, sich zu verteidigen oder eine Problemlösung anzubieten. Der Sinn dieser Übung ist an diesem Punkt nur der, sich selbst auszudrücken!
- Bleiben Sie, während Sie sprechen, mit einem Teil Ihrer Konzentration beim Atem oder Ihrer Körperwahrnehmung, oder kommen Sie immer wieder dahin zurück. Gut geeignet, um

sich immer wieder zu erden, sind die Füße. Wer die Herzqualität betonen möchte, konzentriert sich auf das Herz.

AUFMERKSAM ZUHÖREN

- Wenn Sie alles gesagt haben, was Sie bewegt, wechseln Sie die Rolle. Jetzt beginnt die Redezeit Ihres Gegenübers, während Sie schweigend zuhören.
- Bevor Sie zuhören, kann es sehr hilfreich sein, sich der eigenen Angst zu stellen, zum Beispiel der Angst, dass das Gegenüber etwas Verletzendes sagt oder etwas ausspricht, vor dem Sie sich fürchten. Vertrauen Sie Ihrer Großzügigkeit, Ihrer Fähigkeit zur Akzeptanz, und versuchen Sie für sich und Ihr Gegenüber Mitgefühl zu spüren.

DAS GESPRÄCH ZUSAMMENFÜHREN

- Suchen Sie erst nach Lösungen, wenn beide Teilnehmer das Gefühl formulieren, dass Sie genügend Zeit hatten, sich auszudrücken und sich gegenseitig ein neues Verständnis entwickelt hat. Sorgen Sie in dieser Stimmung gegenseitigen Wohlwollens gemeinsam für eine Win-win-Situation.
- Bedenken Sie auch: Es ist leicht zu streiten, aber es ist schwierig, sich mitzuteilen, ohne zu streiten.

Das verbundene Gehirn

Der Buddhismus lehrt seit über 2500 Jahren, dass alle Wesen miteinander verbunden sind. Diese Verbundenheit gilt nicht nur für Menschen, sondern ist charakteristisch für alles in diesem Universum. Besonders spürbar wird sie für uns im Zwischenmenschlichen, denn unser Gehirn ist in einem sehr hohen Maß auf Austausch mit anderen geeicht – egal ob wir als einsamer Cowboy oder als Partylöwin durchs Leben gehen. Wir können diese Verbundenheit zwar leugnen, ihr aber nicht entgehen. Nicht nur, weil unsere Gesellschaft sehr stark arbeitsteilig gegliedert ist und wir andere Menschen für die Bereitstellung von Lebensmitteln, Wohnung, Wärme und Licht brauchen. Sondern vor allem, weil die Beziehungen zu anderen Menschen zentral für unser Glück und unsere Zufriedenheit sind. Mit anderen verbunden zu sein, zählt neben wertvoll zu sein, geliebt zu werden und frei zu sein zu den sozialen Grundbedürfnissen.

Ich will nicht so tun, als ob jeder menschliche Kontakt ein Vergnügen wäre, und ebenso wenig will ich leugnen, dass uns Menschen auch unglücklich machen können. Doch ob im Positiven oder im Negativen, wir sind mit anderen Menschen verbunden. Und damit das leichter geht, brauchen wir die buddhistischen Tugenden Geduld, Toleranz und Mitgefühl. Sie sind die großen sozialen Trümpfe, egal ob es um persönliche Beziehungen geht oder um gesellschaftliche und politische. Frieden im Menschen und zwischen einzelnen Menschen kann Frieden zwischen Völkern möglich machen.

DIE KRAFT DER SPIEGELNEURONEN

Die Natur hat uns die Fähigkeit des Mitfühlens gegeben. Damit können wir unser Gegenüber besser einschätzen und verstehen: Wenn uns jemand anlächelt, lächeln wir normalerweise automatisch zurück. Wenn jemand gähnt, kann es gut sein, dass er uns damit ansteckt. Und wenn wir sehen, dass jemand geschlagen wird, zucken wir unwillkürlich zusammen. Wissenschaftlerinnen erklären sich diese Zusammenhänge mit einer Simulation des Beobachteten in unserem Gehirn: Das, was wir sehen, bildet sich in unserem Gehirn so ähnlich ab wie im Gehirn unseres Gegenübers. Selbst, wenn wir scheinbar gleichgültig auf das reagieren, was wir sehen – eine Verbindung mit unserem Gegenüber können wir nicht vermeiden.

Zum ersten Mal wurde dieses Spiegelungsphänomen bei Affen erkannt, denen zur Beobachtung haarfeine Elektroden ins Gehirn eingepflanzt wurden: Tiere, die andere Tiere oder auch die Forscherinnen beobachteten, zeigten deutliche Ausschläge im Bewegungszentrum, obwohl sie nur die Bewegungen anderer beobachteten – ohne sich selbst zu bewegen.

Bei weiteren Forschungen, die sich auf menschliche Reaktionen konzentrierten, wurde entdeckt, dass sich nicht nur beobachtete Bewegungen im Gehirn abbilden, sondern auch wahrgenommene Gefühle anderer. Das war die Geburtsstunde der so genannten Spiegelneuronen: Sie spiegeln das in uns wider, was wir von anderen wahrnehmen. Wenn wir zum Beispiel sehen, dass jemand traurig ist, dann ist die Wahrscheinlichkeit hoch, dass wir das erkennen können und diese Wahrnehmung bei uns Mitgefühl auslöst.

BEZIEHUNGSPFLEGE IM GEHIRN

Durch die Aktivität von Spiegelneuronen erfassen wir recht gut, was in anderen Menschen vorgeht, und durch dieses Verständnis entsteht im Normalfall eine Verbindung zwischen uns: Wenn ich sehe, dass jemand leidet, leide ich mit. Alles, was ich anderen antue, spüre ich in einem gewissen Maße selbst. Das Gehirn ist in dieser Hinsicht ein soziales Organ. Es reagiert auf unsere Umwelt, auf unsere Kontakte und auf alles, worauf wir unsere Aufmerksamkeit richten. Das heißt, dass unsere neuronalen Schaltkreise unsere Beziehungen prägen – und umgekehrt beeinflussen diese auch unser Gehirn.

Wie stark Beziehungen zu anderen Menschen uns prägen, hat George Vaillant an der Harvard University in einer Langzeitstudie erforscht. Er kommt zu dem Ergebnis, dass wir unser ganzes Leben lang durch die Beziehungen zu unseren Mitmenschen geprägt werden. »Das mit Abstand wichtigste im Leben ist die Bindung«, sagt Vailland. Dabei geht es seiner Meinung nach nicht primär um die Bindung zur Familie und zu Lebensgefährten, sondern eher generell um die Beziehungen zu anderen Menschen – und zwar im Sinne einer altruistischen, liebevollen und einfühlsamen Verbindung.

Du lernst mehr vom Zuhören als vom Sprechen.
Rick Hanson/Neuropsychologe

Neue wissenschaftliche Untersuchungen belegen, dass die Intensität des Mitfühlens sehr variabel ist, und Menschen durchaus auch in der Lage sind, ihr Mitgefühl je nach Situation an- und auszuschalten. Dass auch Mitleidlosigkeit und Schadenfreude mögliche Reaktionen auf leidende Mitmenschen sind, das muss uns die Wissenschaft nicht sagen, das können wir leider überall beobachten. Insgesamt scheint aber die Tendenz zu Mitgefühl und Empathie deutlich zu überwiegen. Das bestätigt sogar die menschliche Entwicklungsgeschichte. Die Fähigkeit, andere zu verstehen, sich in sie einzufühlen und in ihren Gesichtern zu lesen, war schon für die Steinzeitmenschen von enormem Vorteil. Wer über soziale Intelligenz verfügt, hat es leichter. Und je größer die Menschheit wird und je mehr Menschen auf engem Raum zusammenleben, umso wichtiger ist die Kultivierung von Toleranz und Freundlichkeit.

Mit Achtsamkeit und Meditation können Sie Ihre Einfühlsamkeit vertiefen und Ihre Verbundenheit mit anderen Menschen stärken. Mentales Training fördert Mitgefühl – mit sich selbst und anderen. Dazu finden Sie im folgenden Abschnitt Informationen und Übungen zur buddhistischen Metta-Meditation.

Weisheitsgeschichte

In einer berühmten buddhistischen Legende wird erzählt, wie Avalokiteshvara zu ihren tausend Armen kam. Avalokiteshvara war eine Schülerin von Amitabha und nach einem langen, intensiven Studium fühlte sie sich stark genug, um ihr Bodhisattva Gelübde abzulegen. In Anwesenheit ihres Lehrers legte sie den folgenden Schwur ab: »*Ich werde nicht eher zu ruhen, bis ich alle Wesen gerettet habe. Falls meine Anstrengungen abnehmen, oder wenn ich auch nur einen einzigen Augenblick zögere oder nachlässig bin, bevor mein großes Ziel erreicht ist, soll mein Kopf in zehn Teile zerspringen und mein Körper in 1000 Teile explodieren.*«

Anschließend machte sich Avalokiteshvara an ihre Aufgabe, allen Wesen zu helfen. Ob Götter, Menschen, Tiere oder Dämonen, überall unterstützte sie die Wesen darin, sich vom Leiden zu befreien. Sie war immer da, um zuzuhören und Mut zuzusprechen, und wurde so ihrem Namen gerecht: Avalokitasvara – »Hörerin der Klagen der leidenden Lebewesen«.

Doch als sie einmal innehielt, sah sie, dass die Zahl der leidenden Wesen nicht kleiner geworden war. In diesem Moment zweifelte sie daran, dass sie ihr Gelübde wirklich erfüllen konnte, und im selben Augenblick erfüllte sich ihr Schwur: Avalokitasvaras Kopf zersprang in zehn und ihr Körper in tausend Teile. Sofort eilte ihr Lehrer Amitabha herbei, sammelte alle Teile zusammen und setzte Avalokiteshvara wieder zusammen. Dabei gab er ihr für ihre große Aufgabe tausend Arme, die Handinnenflächen versah er jeweils mit einem Auge. Den zerborstenen Kopf verwandelte er in zehn Gesichter. So konnte Avalokiteshvara ihre Aufgabe wieder aufnehmen und allen Menschen helfen.

MITFÜHLEND MEDITIEREN

Metta im Buddhismus ist vergleichbar mit der Nächstenliebe im Christentum. Deshalb heißen Meditationen, die um das Thema Mitgefühl kreisen, Metta-Meditationen. Mit ihnen können wir unser Mitgefühl gezielt trainieren und so das Einfühlungsvermögen und die Geduld gegenüber unseren Mitmenschen vergrößern.

Bei dieser Praxis geht es explizit um den Wunsch, dass es anderen, und zwar allen Wesen, gut gehen möge. Am Anfang fühlt es sich oft gekünstelt an, und die guten Wünsche sind vielleicht mit Widerwillen formuliert. Doch dem Gehirn ist es gleichgültig, was es lernt und ob das, was ihm angeboten wird, real ist oder nur in der Vorstellung existiert. Es lernt das, was wir ihm vorgeben. So wird unser Geist durch die guten Wünsche in der Metta-Meditation nach und nach an Geduld, Mitgefühl und Freundlichkeit herangeführt. Ganz allmählich verändert sich unsere innere Haltung und durchdringt immer mehr Aspekte unseres Lebens. Irgendwann ist dann der Wunsch, dass alle Wesen glücklich sein mögen, nicht mehr abstrakt, abwegig oder komisch, sondern ganz real und selbstverständlich – und wird dann interessanterweise sogar zur Quelle von Freude und innerem Frieden.

Die Kraft von Metta

Die Kraft der Metta-Meditation hat mehrere Aspekte, zentral ist etwas, das oft als universelle Güte bezeichnet wird. Was das im Kern bedeutet, illustriert eine Geschichte aus dem Pali-Kanon, einer Sammlung von Lehrreden des Buddha. Dort wird erzählt, dass Buddha einen wild gewordenen Elefanten allein durch die Kraft seiner Ausstrahlung, die von Metta erfüllt war, besänftigt hat. Dieses Beispiel sollte später seinen Anhängerinnen Mut machen, wenn sie in gefährlichen Situationen steckten, denn Metta entwickelt sich zu einem wahren Schutz. Die Freundlichkeit, das Wohlwollen und das Mitgefühl, all das, was sich mit dieser Übung entwickelt, wirkt wie ein Schild und entwaffnet auch mächtige Aggressoren. Güte ist, gepaart mit Standhaftigkeit, weitaus stärker als Wut und Hass. Mit der Kraft von Metta fühlen wir uns sicher, denn sie überwindet unsere destruktiven Impulse und diese besondere Liebenswürdigkeit beschützt uns nicht nur vor äußeren Angreiferinnen, sondern auch vor inneren Dämonen und Dämoninnen.

Hass wird nie durch Hass enden, nur Liebe kann Hass auslöschen, so lautet das ewige Gesetz.

Buddha Shakyamuni

Guy Armstrong, ein buddhistischer amerikanischer Lehrer aus der Vipassana-Tradition, hat den Geist von Metta mit einem Orangensaftkonzentrat verglichen: Alles Überflüssige ist herausgepresst und übrig ist nur das essentiell Gute und die reine Süße. Und Sylvia Boorstein, eine buddhistische Lehrerin mit sehr viel Humor, hat Metta wie ein Produkt beschrieben, das wir alle sofort kaufen würden: »Menschen, die Metta üben, schlafen friedlich, träumen friedlich und wachen friedlich auf. Die Leute lieben sie. Die Engel lieben und beschützen sie. Gifte, Waffen und Feuer tun ihnen kein Leid. Ihr Antlitz ist klar. Ihr Geist ist gelassen. Sie sterben unbeirrt und werden in himmlischen Gefilden wiedergeboren.«

Stolpersteine beachten

Wenn Sie hier zum ersten Mal von der Metta-Meditation gelesen haben, taucht womöglich die Frage auf, warum es irgendetwas bewirken sollte, wenn Sie sich selbst und anderen Gutes wünschen. Vielleicht finden Sie es naiv, oder es kommt Ihnen esoterisch vor. Doch bei den Metta-Meditationen geht es nicht einfach um das Aussenden guter Wünsche, sondern darum, in einer Haltung von Mitgefühl und Großzügigkeit dem Guten in uns mehr Raum zu verschaffen, damit es sich leichter ausbreiten kann. Deshalb lohnt es sich, wenn wir uns auf die Metta-Meditationen einlassen und geduldig üben, trotz möglicher Widerstände.

Zulassen, was ist

Es ist nicht immer leicht, anderen Gutes zu wünschen – vor allem, wenn wir Menschen nicht mögen oder sie uns schlecht behandelt haben. Mir fällt es, wie den meisten Menschen, schwer, jemandem zu verzeihen, der mich wirklich tief verletzt hat. Ich brauche dann viel Zeit, um mich davon zu erholen. Schwere Verletzungen heilen oft nur langsam, manche hinterlassen deutliche Narben – und die verdienen es, gewürdigt zu werden. Echter Kummer sitzt erst mal fest, und das ist normal bei fühlenden Wesen. Dann helfen auch alle Ratschläge und Versuche loszulassen nicht weiter. Wer würde sein Leid nicht gern loslassen, wenn es nur ginge?

Für mich ist »Zulassen« das Zauberwort. Zulassen, dass wir diesen Riesenkummer haben, dass das Leben aus den Fugen geraten ist, dass wir nicht begreifen, warum es so weit gekommen ist, dass nichts mehr so sein wird wie vorher, dass wir Angst vor der Zukunft haben. All diese Gedanken und Gefühle zuzulassen, das geschieht in dem Moment, wo wir uns – wie es die Tibeter sagen – unseren eigenen Dämonen stellen. Heilung und spirituelle Entwicklung beginnen an dem Punkt, an dem wir das ganze Ausmaß unseres Unglücks akzeptieren, statt es zu leugnen. Wer seine Situation annimmt, hat schon an einer Front aufgehört zu kämpfen.

Vom Ich zum Du zum Wir

Oft klappt es mit dem Aussenden guter Wünsche nicht, weil wir die falsche Reihenfolge wählen. Der Einstieg in das Üben von Metta ist immer, gute Wünsche an uns selbst zu senden – und das mit gutem Grund: Wer versucht, seinem Peiniger, seinem Erzfeind, seinem Rivalen, seinem Unterdrücker, verlorenen Liebsten wirklich gute Wünsche zu schicken, der kann das erst tun, wenn er mit sich selbst im Reinen ist und sich verziehen hat. Hinter harschen Beleidigungen und Beschuldigungen anderer stehen häufig Wut und Hass auf sich selbst – nicht zu vergessen, die Angst davor, das ganze Ausmaß von Scham, Verzweiflung und Trauer spüren zu müssen, das hinter den aggressiven Gefühlen lauert.

Wenn wir Frieden mit uns geschlossen haben, können wir Frieden in die Welt tragen. Wir können nur das bewirken, was wir in uns selbst bewirkt haben.

Dalai Lama

Wer sich auf die Metta-Übungen einlässt, braucht viel Geduld und vor allem Mitgefühl mit sich selbst und seinen kleinen und großen Schwächen. Lassen Sie sich also viel Zeit damit, denn Mitgefühl für sich selbst zu entwickeln ist die zentrale Übung von Metta. Erst wenn Sie sich selbst lieben und akzeptieren, klappt es auch bei den anderen.

LIEBENDE GÜTE ÜBEN

Die Metta-Meditationen helfen uns dabei, Mitgefühl, Selbstliebe und Nächstenliebe zu üben. Entsprechend sind sie in fünf Stufen aufgebaut, beginnend mit dem Mitgefühl mit uns selbst. Grundsätzlich gibt es vier Metta-Wünsche. Bezogen auf die eigene Person lauten sie:

1 Möge ich glücklich sein.
2 Möge ich mich sicher und geborgen fühlen.
3 Möge ich gesund sein.
4 Möge ich unbeschwert leben.

MÖGE ICH GLÜCKLICH SEIN!
Bei diesem Satz zeigen sich häufig schon die ersten Widerstände.

»Habe ich es wirklich verdient, glücklich zu sein?« »Warum soll ich mich denn so wichtig nehmen?« »Ist das nicht furchtbar egoistisch, zuerst sich selbst Glück zu wünschen, während es so vielen Menschen so viel schlechter geht als mir?«

Manchmal ist Metta für sich selbst sogar die allerschwierigste Übung noch schwieriger als Metta für Menschen, die wir nicht mögen. Zumindest vorübergehend kann jeder Mensch davon betroffen sein, weil er sich für etwas verachtet oder gerade eine persönliche Niederlage erlebt hat, die immer noch schmerzt. Manche Menschen sehen sich auch selbst als ihre größten Feinde an und sind weit entfernt von jeder Form der Selbstliebe. Doch auch sie kann die Metta-Übung aus der Trostlosigkeit befreien.

Sobald Sie ernsthaft anfangen, Metta zu üben und sich selbst mit Liebe und Respekt zu begegnen, wird sich etwas in Ihnen verändern: Sie werden sich mit sich selbst aussöhnen und sich bald als liebenswert erleben. Denn wenn wir Mitgefühl entwickeln, dann machen die schlechten Gefühle nach und nach der Liebe Platz.

Sich selbst zu lieben ist der natürliche Zustand unseres Wesens. Das geht nicht auf Kosten anderer, sondern ist eine notwendige Voraussetzung für die persönliche und spirituelle Entwicklung. Wir müssen uns selbst lieben und akzeptieren lernen, damit wir auch andere akzeptieren und lieben können. Nicht zufällig gilt das auch im christlichen Glauben, schon in der Bibel steht: »Liebe deinen Nächsten wie dich selbst!« und nicht: »… mehr als dich selbst!«

Die Metta-Meditation für sich selbst

Nehmen Sie eine Meditationshaltung ein, atmen Sie bewusst, und erlauben Sie sich zur Ruhe zu kommen. Wenn Sie mit der Meditation beginnen, ist es wichtig, dass Ihnen klar ist, dass es sich bei Metta nicht nur um ein intensives Wünschen handelt, sondern vielmehr darum, Liebe und all das Gute zuzulassen, das dem natürlichen Ausdruck unserer wahren Natur entspringt.

> Wenden Sie sich zuerst sich selbst zu: »Möge ich glücklich sein!« Lassen Sie diesen Satz tief in sich einsinken. Spüren Sie die aufkommenden Gefühle. Lassen Sie Mitgefühl in sich entstehen. Genießen Sie diese liebevolle Haltung sich selbst gegenüber.

> Vielleicht wollen Sie sich noch weitere Aspekte von Metta wünschen: »Möge ich mich sicher und geborgen fühlen!« »Möge ich gesund sein!« »Möge ich frei von Leiden sein!« »Möge mein Geist klar sein!« Formulieren Sie Ihre eigenen Wünsche, sie alle sind Ausdruck desselben Wunsches nach Zugehörigkeit. Verweilen Sie bei ihnen, während sich Ihr Herz öffnet.

> Selbst wenn es sich anfangs ungewohnt, unpassend oder fremd anfühlt, nehmen Sie sich die Zeit, Metta für sich selbst zu entwickeln. Sie brauchen Mitgefühl für sich, damit Sie andere lieben können. Üben Sie Metta so lange ausschließlich für sich, bis es sich gut und richtig anfühlt. Dann erst üben Sie die nächste Stufe: Mitgefühl mit Freundinnen.

Falls es Ihnen trotzdem schwerfällt, etwas mit dem Wunsch »Möge ich glücklich sein« anzufangen, dann versuchen Sie eine modifizierte Form zu finden. Ich empfehle gern diese Variation: »Ich erlaube mir den Wunsch, dass es mir gut geht.« Schon diese kleine Veränderung bringt oft eine Entspannung: Sie dürfen glücklich sein, weil Sie es sich bewusst erlauben.

Möge es den Menschen gut gehen, die ich gern habe!

Diese Übung fällt den meisten Menschen leicht, denn es ist ihnen eine Herzensangelegenheit, Nahestehenden Gutes zu wünschen. Dennoch können sich durchaus auch ambivalente Gefühle zeigen. Das ist völlig normal, denn niemand ist frei von Neid und Missgunst. Darum ist es am Anfang oft leichter, mit einer Person anzufangen, die nicht aus dem allernächsten Umfeld kommt.

Wenn sich also eines Tages zu dem Wunsch, dass es der Freundin gut gehen möge, noch ein anderer Gedanke meldet, wie der, dass es ihr ganz recht geschieht, wenn sie Kummer hat, dann sind Sie kein Unmensch, sondern jemand, der sich ehrlich mit seinen Gefühlen auseinandersetzt und die Übung ernst nimmt. Wer hätte noch nie jemandem aus Wut, Rachsucht oder Enttäuschung zumindest heimlich etwas Schlechtes gewünscht? Sobald Sie die Scham überwinden und sich diese ungebetenen Gefühle eingestehen, wird es leichter, sie loszulassen und stattdessen Gutes zu wünschen.

DIE METTA-MEDITATION FÜR FREUNDINNEN

Nehmen Sie eine Meditationshaltung ein, und atmen Sie bewusst.

Vergegenwärtigen Sie sich jemanden, den Sie sehr gern haben oder besonders schätzen. Stellen Sie sich diese Person möglichst plastisch vor, und lassen Sie das innere Bild auf sich wirken. Spüren Sie die guten Eigenschaften, Ihre Wertschätzung und Zuneigung. Genießen Sie diese Verbindung, und wünschen Sie dieser Person Glück und alles Gute, das Ihnen einfällt. Verbleiben Sie in diesem Gefühl, solange es Ihnen angenehm ist.

Wenn Sie sich während der Meditation von Überlegungen darüber freimachen können, inwieweit Sie selbst davon profitieren, wenn Sie die Übung vorbehaltlos jemandem widmen, dann ist die Metta-Meditation heilsam. Anfangs ist es deshalb leichter, nicht mit dem Bild des Partners oder eines engen Freundes zu meditieren. In sehr vertrauten Beziehungen schwingen oft viele gemischte Gefühle mit – und die verderben die Wirkung der Übung.

Wenn die Achtsamkeit etwas Schönes berührt, offenbart sie dessen Schönheit. Wenn Sie etwas Schmerzliches berührt, wandelt sie es um und heilt es.

Dalai Lama

MÖGE ES MENSCHEN GUT GEHEN, DENEN ICH NEUTRAL GEGENÜBERSTEHE!
Der nächste Schritt, das Mitgefühl auf Menschen auszuweiten, die keine starken Gefühle in uns wecken, ergibt sich ganz

natürlich. Trotzdem muss die Freundlichkeit für den Postboten, die Blumenverkäuferin, den Busfahrer oder eine entfernte Kollegin erst im Bewusstsein ankommen, da uns solche Menschen normalerweise gleichgültig sind. Auf den ersten Blick mag diese Gruppe nicht besonders interessant erscheinen, aber sobald Sie bedenken, dass das sehr wahrscheinlich die allergrößte Gruppe in Ihrem Leben ist, erkennen Sie auch das Potential: Wenn es Ihnen Freude macht, zu Fremden freundlich zu sein, wird sich das enorm auf Ihr Leben auswirken. Jedes Lächeln kann zurückkommen, jede großzügige Geste könnte weitergereicht werden. Fremde schenken uns unendlich viele Gelegenheiten, um gute Wünsche und Freundlichkeit zu verschenken und anzunehmen.

Die Metta-Meditation für eine neutrale Person

Nehmen Sie eine Meditationshaltung ein, und atmen Sie bewusst.

Vergegenwärtigen Sie sich jemanden, den Sie nicht näher kennen, der Ihnen bisher weder genutzt noch geschadet hat. Das kann der Postbote sein oder eine Nachbarin, eine Verkäuferin oder eine Person, die Sie nur aus den Medien kennen. Vielleicht spüren Sie anfangs Gleichgültigkeit, doch wenn Sie sich in diesen Menschen hineinversetzen und spüren, dass er genauso wie Sie Glück sucht und Leid vermeiden will, dann werden Sie Mitgefühl für ihn entwickeln.

Beginnen Sie dann positive Wünsche für diese Person zu formulieren. Wünschen Sie all das Gute, das Ihnen einfällt. Konzentrieren Sie sich auf das Gefühl von Nähe und Verbundenheit, das durch die Übung entsteht, und verweilen Sie darin, solange es angenehm ist.

Möge es Menschen gut gehen, die schwierig für mich sind!
Hier sind Sie bei der größten Herausforderung von Metta angelangt. Denn Personen Gutes zu wünschen, die uns geschadet haben oder die wir als Gegnerinnen betrachten, ist wirklich nicht leicht. Vielleicht fangen Sie darum etwas kleiner an, und üben Metta an Menschen, die Sie einfach nur nerven. Das kann ein unangenehmer Chef sein, eine übergriffige Kollegin oder ein lauter Nachbar. Steigern Sie dann ganz langsam den Schwierigkeitsgrad.

Nehmen Sie sich für diese Übung viel Zeit, und gönnen Sie sich immer wieder Auszeiten, in denen Sie wieder zurückgehen zu Metta für sich selbst. Ich finde die Anforderung, Menschen Gutes zu wünschen, die wir nicht ausstehen können, enorm hoch und gebe mich darum in solchen Fällen mit sehr kleinen Schritten zufrieden.

Ein Hilfsmittel kann es sein, sich die anderen als leidende Wesen, zum Beispiel als kleines hilfloses Kind vorzustellen. Oder als alten, kranken, hilfsbedürftigen Menschen, und dann vorsichtig den Gedanken anzuschließen, dass dieses Wesen genau wie jedes andere nach seinem Weg sucht und glücklich sein möchte.

Metta-Meditationen bieten die Möglichkeit, sich von alten Verstrickungen zu verabschieden. Dabei ist eine Versöhnung zwar erstrebenswert, aber nicht notwendig. Manchmal reicht es, Hass in Akzeptanz umzuwandeln, die dann irgendwann zu Gleichgültigkeit wird.

DIE METTA-MEDITATION FÜR EINEN SCHWIERIGEN MENSCHEN

Nehmen Sie eine Meditationshaltung ein, und atmen Sie bewusst.
    Vergegenwärtigen Sie sich jemanden, den Sie schwierig finden. Nehmen Sie aber nicht gleich Ihren ärgsten Feind. Lassen Sie sich damit Zeit. Tasten Sie sich langsam an eine Person heran, immer nur so weit, wie Sie es gut bewältigen können. Sie spüren Ihre Wut, Ihren Hass, Ihren Widerwillen und vielleicht auch Ihre Angst. Lassen Sie diese Gefühle zu, und wechseln Sie dann die Perspektive. Machen Sie sich bewusst, dass auch dieser Mensch versucht, glücklich zu sein. Lassen Sie sich von dem Leid dieser Person berühren. Nach und nach kann dann eine Entspannung und später ein Heilungsprozess einsetzen. Verzeihen kann in der Metta-Meditation möglich werden und irgendwann vielleicht auch gute Wünsche. Doch schon ein Gefühl von Neutralität ist ein großer Schritt! Überfordern Sie sich nicht. Üben Sie so, wie es Ihnen entspricht. Die Schulung von Liebe und Mitgefühl ist eine lebenslange Übung.

MÖGE ES ALLEN WESEN GUT GEHEN

Was für die Versöhnung mit uns selbst gilt, gilt auch für die Versöhnung mit anderen und mit der ganzen Welt. Mit der Metta-Meditation überwinden wir unsere engen Beschränkungen und erleben uns zunehmend als Teil eines größeren

Ganzen. Es ist im Kleinen wie im Großen: Wer Hass sät, wird Sturm ernten. Wer Liebe sät, wird Liebe ernten.

Die Metta-Meditation für die Welt

Nehmen Sie eine Meditationshaltung ein, und atmen Sie bewusst.

Vergegenwärtigen Sie sich, dass Sie Teil eines großen Ganzen sind, und weiten Sie Ihr Mitgefühl auf alle Lebewesen aus, Menschen wie Tiere, die Natur, auf unsere Welt, auf das ganze Universum. Senden Sie Ihre guten Wünsche aus: »Mögen alle Lebewesen glücklich sein.« » Mögen wir alle frei sein von Leid und seinen Ursachen.« »Mögen wir alle in Frieden leben.«

Schließen Sie die Metta-Meditation ab, indem Sie Ihre Aufmerksamkeit auf Ihren Atem richten und bewusst wieder bei sich ankommen.

Beenden Sie die Meditation erst, wenn es sich für Sie richtig anfühlt.

Erfolgsnachrichten aus aller Welt

Wie wir den Geist füttern, so verändert er sich. Neben dem spirituellen Gewinn gibt es durch das Üben von Metta einen vielfältigen konkreten Nutzen, wie der Transfer in den Alltag beweist. Forscherinnen aus der ganzen Welt untersuchen die Folgen der Metta-Meditation.

> **Aus Stanford**

Bei einem psychologischen Experiment an der Stanford University zeigte sich, dass selbst eine kurze Metta-Meditation zu einer positiveren Einstellung gegenüber anderen Menschen und einem Gefühl größerer sozialer Verbundenheit führt.

> **Aus Freiburg**

Forscherinnen des Universitätsklinikums Freiburg stellten sich die Frage, ob die Kultivierung von Mitgefühl durch die Metta-Meditation eine Verringerung der Selbst-Zentriertheit und eine größere Offenheit für andere bewirkt. Dafür wurde an den Probandinnen untersucht, wie sie auf Bilder von sich selbst und von anderen reagierten. Das Ergebnis: Wer Metta praktiziert, zeigt tendenziell eine stärkere Neigung zu mitfühlendem Verhalten, selbst bei fremden Personen.

> **Aus North Carolina**

Eine Studie von Barbara Fredrickson von der University of North Carolina bei Mitarbeiterinnen einer Firma ergab, dass ein mehrwöchiger Kurs in Metta-Meditation zu einer deutlichen Zunahme positiver Emotionen führte. Die Meditierenden waren nach dem Kurs zufriedener mit ihrem Leben und messbar weniger depressiv.

> **Aus Leipzig**

Metta-Meditationen scheinen eine besonders schnelle Veränderung im Gehirn und im Verhalten zu bewirken. Probandinnen am Max-Planck-Institut in Leipzig hatten einen Tag lang die Metta-Meditation geübt, um wohlwollende Gefühle für sich und andere zu entwickeln. Danach wurde durch ein Computerspiel überprüft, ob sich bei den Teilnehmerinnen der Metta-Meditation – im Vergleich zu einer Kontrollgruppe – etwas verändert hatte. Das Ergebnis zeigte eine signifikant höhere Hilfsbereitschaft bei der Metta-Gruppe.

DIE PARAMITA VIRJA:
DAS GLÜCK DER BEGEISTERUNG

*Etwas Neues, Interessantes mit Freude auszuprobieren,
fällt den meisten Menschen nicht schwer. Doch diesen
Anfängerinnengeist zu bewahren, die Begeisterung und
die Motivation mit in den Alltag zu nehmen, sich weiter
anzustrengen und durchzuhalten, wird oft zur Herausforderung.
Dabei hilft es, die Tugenden der Paramita Virja zu kultivieren.*

Mit Freude durchhalten

Wenn unser Geist leer ist, ist er offen für alles.
Im Anfänger-Geist liegen viele Möglichkeiten,
im Geist des Experten nur wenige.
Zen-Meister Shunryu Suzuki

Die Paramita Virja beinhaltet vor allem zwei Aspekte: Begeisterung und Durchhaltevermögen. Deshalb wird Virja auch »freudige Anstrengung« genannt. Sie hilft uns, Durststrecken und Hindernisse auf unserem Weg zu mehr Glück zu überwinden, und sie bereichert damit unser Leben enorm. So ist diese Paramita zum Beispiel sehr nützlich, wenn wir uns in Achtsamkeit und Meditation üben. Wir gewinnen an Durchhaltevermögen, Fleiß, Begeisterung, Kraft und Mut – und das braucht jede Übende früher oder später, wenn die anfängliche Euphorie nachzulassen beginnt und die Mediationspraxis alltäglich wird.

Widerstände erkennen

Wenn wir mit dem Meditieren beginnen, gleichgültig ob ganz pragmatisch zur Stressreduktion und zur Förderung unserer Gesundheit oder auf dem Weg zur Erleuchtung, dann ist alles noch frisch und spannend. Wir erleben uns anders als vorher, fühlen intensiver und beobachten genauer. Das ist wunderbar, doch wie bei allem, was wir regelmäßig tun, verliert auch die Meditation irgendwann den Reiz des Neuen. Wie bei jedem Training kommt dann auch bei der Meditation der Punkt, wo sich Trägheit und Lustlosigkeit einstellen. Auf einmal ist die Übung nicht mehr so interessant wie zu Anfang, sie bekommt etwas Normales, wird uns selbstverständlich und wirkt irgendwie langweilig. Der berüchtigte innere Schweinehund taucht auf und lässt uns nach Ausflüchten suchen. An diesem Punkt beginnt das eigentliche Training, und dabei hilft es, mit den Tugenden von Virja den Anfängerinnengeist aufzufrischen. So entwickeln wir immer wieder die Lust, im Bekannten Neues zu entdecken, tiefer einzusteigen und dranzubleiben – trotz Gegenwind.

Die schönste Verkörperung von Virja sind für mich kleine Kinder, die laufen lernen. Sie fallen ständig hin – und stehen doch immer wieder auf. Dabei wird viel gelacht und manchmal geweint, aber kein Kind gibt auf. Die Lust und der unbedingte Wille, laufen zu lernen, bleiben und werden belohnt, denn irgendwann können es alle.

ZIELE SETZEN

Geht Ihnen die anfängliche Begeisterung verloren, ist das eine gute Gelegenheit, sich noch einmal über Ihre Ziele klar zu werden. Für Schülerinnen auf dem buddhistischen Weg ist die Motivation klar, weil die Zielsetzung spirituell motiviert ist: Buddhistinnen wollen, wie alle Menschen, Leid überwinden und glücklich sein. Doch zudem wollen sie aus dem Kreislauf der Wiedergeburten aussteigen. In manchen buddhistischen

Traditionen gehört dazu auch das Bodhisattva-Gelübde, das Versprechen, auch alle anderen Menschen auf ihrem Weg zu unterstützen. Dieses Paket umschreibt in seiner Essenz den Wunsch nach einem sinnvollen und erfüllten Leben.

Wenn Ihr Wunsch zu meditieren »weltlicher« Natur ist, werden Sie andere Beweggründe haben. Vielleicht wollen Sie das Training ganz pragmatisch zur Gesundheitsförderung nutzen, weil Sie unter innerer Unruhe und Stress leiden. Oder Sie genießen die Auszeiten, in denen Sie ganz bei sich sein können und nicht für andere da sein müssen. Vielleicht lohnt es sich für Sie auch, genauer hinzusehen und Ihr Leben von schlechten Angewohnheiten zu entrümpeln und gute dagegenzusetzen. Geben Sie nicht vorschnell auf, auch wenn Sie mal in ein Motivationsloch fallen. Wer etwas nicht schafft, der hat nur noch nicht die richtigen Gründe gefunden, sagt die Motivationspsychologie. Vielleicht brauchen Sie neue? Bestimmt lohnt es sich, danach zu suchen.

Sich den Ausreden stellen

Mit Virja üben heißt, die inneren Widerstände zu besiegen und gute Gewohnheiten zu etablieren, damit wir nicht nachlässig werden, uns nicht ablenken lassen und unsere Übungen regelmäßig schaffen. Psychologisch gesehen ist der innere Schweinehund der Inbegriff all unserer Widerstände. Das trifft die Meditation nicht ganz so schlimm wie andere Trainings, weil sie ihre Belohnung schon in sich trägt. Doch auch Meditierende können viele Ausflüchte finden: Wirken die Übungen tatsächlich? Habe ich jetzt wirklich Zeit zu üben? Muss ich nicht noch viele wichtige Dinge (vorher) erledigen?

Vernachlässige ich etwa meine Familie oder Freunde? Sobald Sie sich dabei ertappen, Ausreden vorzuschieben, statt zu meditieren, stellen Sie sich dem: Ist der Tag wirklich so voll gepackt, dass ich keine 30 Minuten Freiraum für die Meditation erübrigen kann? Oder geht es um etwas anderes? Echte Gründe sind selten, aber die Vorwände sind zahllos. Jeder Mensch hat seine eigenen. Beschäftigen Sie sich gewissenhaft mit Ihren inneren Saboteurinnen – das kann sehr spannend sein. Mit den folgenden Fragen kommen Sie ihnen vielleicht besser auf die Spur:

> Was will ich vermeiden?
> Was passiert schlimmstenfalls, wenn ich regelmäßig meditiere?
> Wovor habe ich Angst?
> Welcher Veränderung will ich ausweichen?

In jedem Menschen stecken individuelle Widerstände, die sich im Laufe des Lebens aus den guten und schlechten Erfahrungen gebildet haben – wobei die negativen nachhaltiger wirken.

NEGATIVE SPUREN SITZEN TIEF

Menschen messen unangenehmen Erlebnissen, Bedenken und Ängsten vor Neuem und Unbekanntem grundsätzlich eine größere Bedeutung zu als den positiven Seiten. Wir nehmen Negatives wichtiger als Positives, was sich in unserer Frühgeschichte begründet, als der Mensch in der Natur noch vielen Gefahren ausgesetzt und weit schutzloser war als heute. Wer keinen Schreckreflex beim Anblick eines Tigers oder einer Schlange bekam, erhielt nur selten eine zweite Chance. Wer nicht wusste, dass Feuer verbrennt oder bestimmte Beeren giftig sind, lebte gefährlich. Nur wer die Gefahr erkannte, konnte sein Leben schützen. Auch wenn wir es heute nicht mehr in dem Maße brauchen – das Erbe tragen wir immer noch in uns, denn es hat tiefe Spuren in unserem Gehirn hinterlassen. Deshalb sind wir grundsätzlich vorsichtig, scheuen das Risiko zu scheitern und glauben nicht so recht an positive Veränderungen. Unser Gehirn ist so eingerichtet, dass wir mehr auf Negatives achten und aufmerksamer und intensiver darauf reagieren. Ebenso behalten wir schlechte Erinnerung klarer im Gedächtnis und können sie schneller reaktivieren als gute.

»Negativity bias«

Diese »Tendenz zum Negativen« wird in der Forschung »Negativity Bias« genannt. Die Amygdala – das Angstzentrum – reagiert blitzartig auf alles, was irgendwie bedrohlich erscheint. So ziehen emotional negativ aufgeladene Worte wie »Krieg« oder »Verbrechen« die Aufmerksamkeit mehr und schneller auf sich als die Worte »Frieden« oder »Liebe«. Eine Meinung, die von unserer eigenen abweicht, wird schneller wahrgenommen als eine zustimmende. Schon schemenhafte Zeichnungen von bedrohlichen Gesichtern lösen eine negative Reaktion im menschlichen Gehirn aus. Sogar im wirtschaftlichen Bereich zeigt sich das stärkere Augenmerk auf das Negative: Menschen arbeiten härter, um Verluste zu vermeiden, als um Gewinne zu erzielen. Egal, worum es geht – schwierige Beziehungen, miese Zensuren, abwertendes

Feedback – das alles hat ungleich stärkere Nachwirkungen als positive Erfahrungen.

Der US-amerikanische Psychologe und Nobelpreisträger Daniel Kahneman formuliert es sehr einfach: »Das Gehirn reagiert generell stärker auf einen negativen Stimulus als auf einen gleich starken positiven.« Zur Illustration führt Kahneman das folgende Beispiel an: Eine einzige Küchenschabe (negativ) ruiniert die Anziehungskraft einer Schüssel Kirschen (positiv) völlig – während eine Kirsche (positiv) in einer Schüssel voller Schaben (negativ) keinen Effekt hat. Und der US-Psychologe und Paartherapeut John Gottman konnte bei Untersuchungen von Paaren zeigen, dass eine negative Handlung fünf positive braucht, um neutralisiert zu werden.

Denken Sie nur an sich selbst: Woran erinnern Sie sich am Abend, wenn Sie den Tag Revue passieren lassen? Ist es das Angenehme oder ist es das, was nicht gut lief und Ihnen Sorgen bereitet? Doch es gibt keinen Grund, warum wir die Tendenz zum Negativen einfach hinnehmen müssten und nicht aktiv gegensteuern sollten – und zwar mit Begeisterung und Stehvermögen.

Gegenmassnahme: Das Gute stärken

Eine effektive Gegenstrategie besteht darin, Schwieriges und Belastendes nicht zu leugnen, sondern es anzunehmen und möglichst zu klären, um es dann als erledigt im Gedächtnis abzuspeichern. Sehr wirkungsvoll ist es auch, verstärkt Positives ins Bewusstsein zu lassen, es intensiver wahrzunehmen, zu genießen und zu fördern. Dabei helfen Achtsamkeitstraining und regelmäßiges Meditieren hervorragend, denn sie verbessern die Fähigkeit zur Regulation von Gefühlen: Das Erregungsniveau wird generell gesenkt, die Stressanfälligkeit nimmt ab und Langzeitmeditierende erholen sich erwiesenermaßen schneller von einem Schreck. Zudem werden Ängste verringert und die negativen Denkschleifen im Gehirn relativiert. Auf körperlicher Ebene wird dadurch das Immunsystem entlastet und gestärkt. Außerdem wird die Resilienz, also die Fähigkeit, sich von Krisen seelisch und körperlich zu erholen, gesteigert.

Schließlich ist erwiesen, dass sich das Gehirn bei häufiger und ausdauernder Meditation verändert. Es formieren sich neue Bahnen, und in der Amygdala, wo Angst und Stress verarbeitet werden, bildet sich mehr und dichtere graue Masse. Gleichzeitig werden Mitgefühl, Güte und Großzügigkeit kultiviert. Das alles zusammen sind erstklassige Gegenmittel gegen Negativität und andere Stressfaktoren.

Das Glück liegt in uns, nicht in den Dingen.
François De La Rochefoucauld/Schriftsteller

NEGATIVE GEDANKEN IN POSITIVE VERWANDELN

Die meisten Menschen denken von sich, dass Sie gute Menschen sind – und wer das nicht denkt, der wäre es zumindest gern. Beim Beobachten seiner Gedanken und Gefühle wird ein geschöntes Selbstbild allerdings schnell brüchig, denn dabei erkennen wir irgendwann, dass wir nicht ausschließlich gut ist, sondern auch andere Seiten und dunkle Gedanken in uns tragen. An dem Punkt wird es kritisch, und es besteht die Gefahr, dass wir mit den Achtsamkeitsübungen und den Meditationen aufhören, bevor unsere Schwächen allzu deutlich sichtbar werden.

Es ist keine Frage, dass es schmerzlich, unangenehm und auf jeden Fall sehr schwierig ist, in solchen Momenten weiter hinzuschauen, statt sich von seinen dunklen Anteilen abzuwenden. Wir schämen uns und meinen, dass wir uns niemals als den Menschen akzeptieren können, der wir sind. Doch das stimmt nicht, das Gegenteil ist der Fall: Hinschauen heilt! Achtsamkeit heilt! Akzeptanz heilt! Selbsterkenntnis entfremdet uns nicht von uns selbst, sie bringt uns unserer ureigenen Menschlichkeit näher. Während uns Verdrängtes bis zum letzten Atemzug verfolgen kann, können wir uns mit den Dämoninnen und Dämonen, denen wir uns gestellt haben, versöhnen.

Alles, was wir denken, wird im Gehirn in bestimmten Regionen, den neuronalen Netzen und Bahnen, abgelegt. Das meiste streift nur das Kurzzeit- und Ultrakurzzeitgedächtnis. Bringen wir eine Angelegenheit gut zu Ende, harkt das Gehirn sie gewissermaßen als erledigt ab. Wird ein Prozess oder eine Aufgabe unterbrochen, bleibt die Spannung erhalten, und das Thema beschäftigt uns zumindest unbewusst weiter. Stark emotionsgeladene, negative und unverarbeitete Themen, unterbrochene Gedanken und unvollendete Aufgaben werden gut erinnert – gelöste Probleme werden vergessen.

SCHLECHTES GEGEN GUTES TAUSCHEN

Wer noch nicht bereit ist, sich eine schwierige Situation vollständig anzusehen, kann das in mehreren Schritten tun. Dazu eignet sich eine besondere buddhistische Technik: Schlechte Gedanken gegen gute austauschen! Wann immer ein negativer, ein vergifteter Gedanke auftaucht, sagen wir innerlich »Stopp!« Meist sind es Gedanken, die um Hass, Gier, Neid, Eifersucht, Wut oder Rache kreisen. Sie können mit einem lauten inneren »Stopp!« und dem imaginierten Bild eines großen roten Stoppschildes zur Raison gebracht werden. Durch die bewusste Unterbrechung des Gedankens rufen Sie sich gewissermaßen selbst zur Ordnung. Sie geben sich mit dem Stoppschild eine Auszeit und erlauben sich in diesem bewussten Moment, Ihren Gedanken eine neue Richtung zu geben. Sie können statt weiter am Negativen festzuhalten an etwas Schönes denken, wie zum Beispiel an einen herrlichen Strand, einen geschützten Garten, einen lieben Freund, einen Erfolg oder an irgendetwas Angenehmes, Ablenkendes und Aufbauendes. Sie können als positiven Gegenpart alles nutzen, was Sie gern haben und was Sie entspannt. Dabei kann der gute Gedanke völlig unabhängig vom ursprünglichen sein. Wenn Sie zum Beispiel das Stoppschild nutzen, um Rachegedanken an den untreuen Partner zu unterbrechen, dann kann der gute Gedanke die Erinnerung an eine tolle Party sein oder an eine Situation, in der Sie klug und witzig reagiert haben. Genauso funktioniert auch die Erinnerung an ein geliebtes Haustier oder an jemanden, der Sie gern hat. Wichtig ist es, in Krisensituationen einen Notfallkoffer voll mit schönen Bildern und guten Erinnerungen parat zu haben, die dann bei

Bedarf und spätestens, wenn das Stoppschild auftaucht, hervorgeholt werden können.

Wir sind, was wir denken. Alles was wir sind, entsteht in unseren Gedanken. Mit unseren Gedanken formen wir die Welt.
Buddha Shakyamuni

Mit dem inneren Stoppschild verschaffen Sie sich eine Auszeit, weil Sie sich ablenken. Doch das ist nur ein Zwischenschritt, bevor es zu den Wurzeln des negativen Gedankens geht. Wenn wir uns eingestehen, dass wir zum Beispiel jemandem schaden wollen, und uns weiter mit dem beschäftigen, was dahinter steckt, dann kommen wir zu den Wurzeln – und die liegen oft in unserer eigenen Verletztheit.

Gelingt der Tausch Schlechtes gegen Gutes noch nicht, schlage ich meinen Klienten gern vor, den guten Gedanken durch Verzeihen zu ersetzen: sich selbst zu verzeihen und danach der/dem anderen zu verzeihen. Es ist wie in der Metta-Übung: Oft können wir eine Situation erst loslassen, wenn wir uns selbst und anderen verziehen haben. Das Stoppschild mit der Aufschrift »Ich verzeihe mir« ist eine sanfte Verwandlung, eine wunderbare Entwaffnung aller Aggressionen gegen uns selbst – und damit der Beginn eines seelischen Heilungsprozesses.

Weisheitsgeschichte

Ein Schüler kam zu seinem Meister und sagte: »Ach Meister, um Euren Lehren zu folgen, ist so furchtbar viel Aufwand nötig. Ich müsste so viel verändern, und eigentlich ist mir das alles viel zu anstrengend. Ich glaube, ich werde euch verlassen und mein Studium hier beenden.« Der Meister sah seinen Schüler traurig an. »Kennst du die Geschichte von der Raupe?« fragte er.

Der Schüler verneinte. Also erzählte ihm der Meister die Geschichte: »Es war einmal eine Raupe, die das Gefühl hatte, dass die Verwandlung zum Schmetterling zu anstrengend sei. Nach einigen Erwägungen beschloss sie schließlich, lieber für immer Raupe zu bleiben. Während sie mühsam und beschwerlich durch ihren engen Lebensraum kroch, schaute sie immer wieder hinauf zu all den schönen, zarten Schmetterlingen, die im Sommerwind von Blume zu Blume tanzten.«

Der Meister schaute dem Schüler forschend ins Gesicht: »Möchtest du eine Raupe bleiben? Ist es wirklich das, was du willst?«

Nur das Beste fürs Gehirn

Wir können das Gute in uns nicht nur dadurch stärken, dass wir negative gegen positive Gedanken austauschen. Wir können auch dafür sorgen, möglichst wenig »schlechte Nahrung« zu uns zu nehmen.

Da unser Gehirn das speichert, was wir ihm anbieten, besteht unsere Verantwortung darin, das Richtige auszuwählen. Schließlich schafft unser Denken unsere Realität, und unser Gehirn bildet sie ab. Deshalb müssen wir sorgfältig prüfen, womit wir unser Gehirn füttern. Wer zum Beispiel ständig Gewaltvideos ansieht, dessen zarte Seiten und auch das Mitgefühl für andere, können dabei langsam abstumpfen. Wer sich immer wieder schlecht behandeln lässt, denkt vielleicht irgendwann, nichts Besseres verdient zu haben. Wer seinem Ärger immer wieder unkontrolliert nachgibt, riskiert, dass sich dieses Verhalten weiter verstärkt und irgendwann eskaliert.

Es liegt an uns, womit wir unser Gehirn füttern, wie wir es nutzen und ausbilden wollen. Wir entscheiden zu einem großen Teil selbst, welche Gedanken wir zulassen und wie wir uns verhalten, ebenso wie wir unsere Freunde aussuchen und womit wir uns umgeben. Wir treffen jeden Tag unzählige solcher Entscheidungen, meist ohne viel nachzudenken, vielmehr aus Gewohnheit oder unbewusst. Je achtsamer und bewusster wir werden, umso eher gelingt es uns, so etwas wie Anfängerinnengeist zu bewahren. Dann stoppen wir die Autopilotin und übernehmen selbst das Steuer. Wir füttern unser Gehirn mit dem, was uns gut tut und wichtig ist, und verabschieden uns von schlechten Gewohnheiten und aus unheilsamen Mustern. Dafür kennt die buddhistische Praxis eine verblüffende Methode, die in Amerika sogar einen eigenen Slogan hat.

So tun als ob

»Fake it till you make it!«, sagen die Amerikanerinnen, wenn sie jemandem raten, so lange zu tun »als ob«, bis es wahr wird, bis frau es geschafft hat, bis es wirklich klappt. Häufig wird dieser Ausdruck benutzt, wenn es um Äußeres geht. Wer sich die teure Prada-Tasche nicht leisten kann, nimmt eben das Imitat. Wer den Porsche nicht bezahlen kann, least einen. So tun als ob kann Eindruck machen und sich als sehr wirksam erweisen. Die Methode »So tun als ob« funktioniert noch besser bei inneren Prozessen, etwa wenn Sie so lächeln, als ob Sie gute Laune hätten. Sofort fühlt sich das Gehirn dazu angeregt, das Lächeln mit einer guten Portion Dopamin zu belohnen, was echte gute Laune hervorzaubert. Und es klappt auch, wenn Sie sich vor einem Training ausmalen, wie gut es Ihnen danach gehen wird, oder sich vor einem Vorstellungsgespräch schon in dem ersehnten Job vorstellen.

Nach diesem Muster funktioniert vieles, auch bei der Meditation. Wenn Sie zum Beispiel Metta üben, wird das Mitgefühl sich zunächst dadurch entwickeln, dass Sie sich vorstellen, wie es ist, Mitgefühl zu haben oder jemandem Mitgefühl zu senden. Je häufiger Sie das tun, umso besser wird Ihnen die Vorstellung gelingen – und schließlich werden Sie wirklich Mitgefühl empfinden. Denn dem Gehirn ist es gleich, ob Sie schon Mitgefühl empfinden oder ob Sie noch üben und es sich dabei vorstellen. Mit jedem Mal üben verändert sich Ihr Gehirn. Indem Sie die Virja-Tugenden kultivieren, bleiben Sie mit freudiger Anstrengung bei der Sache und geben immer aufs Neue Ihr Bestes.

DAS VORSTELLUNGSVERMÖGEN NUTZEN

Um das Gehirn mit Gutem zu nähren, können wir seine Fähigkeit nutzen, Bilder zu verarbeiten und herzustellen. Diese Fähigkeit birgt ein enormes Potential, vor allem, wenn wir die Kraft von Visualisierungen entdecken, einer praktischen Methode, mit der wir den Geist trainieren und uns weiterentwickeln können. Bekannt sind Visualisierungen zum Beispiel aus dem Autogenen Training oder der Krebstherapie nach Simonton. Auch in der Trauma-Therapie spielt das Visualisieren eine große Rolle, wenn es darum geht, sich trotz der schwierigen äußeren Situation einen sicheren inneren Ort vorzustellen, zum Beispiel ein Baumhaus oder einen verwunschenen Garten. Bei großen Operationen wird ebenfalls sehr erfolgreich mit der bildlichen Vorstellungskraft gearbeitet, etwa zur Unterstützung des Heilungsprozesses, und im Leistungssport sind Visualisierungen im Rahmen des mentalen Trainings heute selbstverständlich.

AN ETWAS DENKEN

Um eine Idee davon zu bekommen, wie Visualisieren geht und wie ausgeprägt Ihre Vorstellungskraft ist, können sie diesen kleinen Test machen:
- Schließen Sie die Augen, und denken Sie an eine Freundin. Bestimmt kommt sofort ein Bild von ihr.
- Oder denken Sie an einen Apfel.

Bestimmt gibt es gleich mehrere Sorten, die ihnen einfallen und die vor Ihrem inneren Auge auftauchen.

IMAGINATIONSKRAFT ENTWICKELN

Ein höchst beeindruckendes Beispiel für das Potential von Visualisierungen zeigten tibetische Mönche. Im Rahmen von wissenschaftlichen Untersuchungen zur Tummo-Meditation bewiesen sie einmal mehr, wie sehr sich der Körper dem Geist unterordnen kann. Herbert Benson, Kardiologe an der Harvard Medicine School, untersuchte Mönche, die durch Visualisierung innerer Hitze die Fähigkeit entwickelt hatten, ihre Körpertemperatur signifikant zu erhöhen. Während der Tummo-Meditation wurden den Meditierenden bei einer Außentemperatur von 3°C nasse Handtücher auf den nackten Oberkörper gelegt. Die Mönche waren tatsächlich in der Lage, die Kälte durch eine messbare Anhebung ihrer Körpertemperatur zu kompensieren und die Handtücher trocknen zu lassen. Währenddessen konnte in den Fingern der Probanden eine Erhöhung der Körpertemperatur um bis zu 8,3 °C gemessen werden. Eine Wiederholung der Versuche 2006 durch William J. Cromie und 2010 durch Richard Davidson bestätigte die erstaunlichen Ergebnisse.

Vorbilder visualisieren

Sie können die Kraft der Vorstellung auch nutzen, indem Sie einen Menschen visualisieren, der Ihnen als Vorbild dient oder der etwas verkörpert, das Sie selbst anstreben. In allen spirituellen Traditionen spielen Lehrerinnen eine große Rolle, weil wir davon ausgehen, dass Menschen in ihrer Entwicklung eine Begleitung als Korrektiv und Vorbild brauchen. Besonderen Einfluss haben Lehrerinnen, die auf uns authentisch wirken und etwas verkörpern, was wir uns für uns selbst wünschen. So lässt sich auch etwas von der enorm großen Wirkung des Dalai Lama erklären: Er verkörpert und lebt das, was er sagt. Und seine Ausstrahlung ist so bewegend, dass viele Menschen weinen, sobald sie ihn nur von weitem sehen. Wenn schon der Anblick eines Menschen eine so starke Wirkung haben kann, dann ist es leicht vorstellbar, welche Kraft das Bild eines Buddha in uns wecken kann, wenn wir die Konzentration auf den Buddha richten.

Als ich bei der Arbeit für dieses Buch ins Stocken kam, habe ich überlegt, was mich in dieser schwierigen Situation stärken könnte, welche buddhistische Technik sich am besten eignen würde, um mich wieder auf Kraft, Zuversicht und Selbstbewusstsein auszurichten. Visualisieren war das erste, was mir einfiel, obwohl ich als Zen-Schülerin diese Techniken nicht häufig nutze. Doch als Therapeutin arbeite ich viel mit Kraftbildern: Meine Klientinnen suchen sich aus einer großen Sammlung unterschiedlicher Bilder das heraus, was sie am meisten anspricht und – das ist entscheidend – zum Lächeln bringt. Der Einsatz dieser Kraftbilder bewirkt eine erstaunlich intensive Unterstützung bei seelischen Heilungsprozessen: Das ausgewählte Bild ist der Ausdruck dessen, was wir uns in diesem Moment am meisten ersehnen. Und wenn Sie es nicht nur an Ihrem Meditationsplatz, sondern auch an anderen Orten aufstellen, oder zum Beispiel als Bildschirmschoner nutzen, wird der häufige visuelle Anreiz Ihre Kraftquellen noch intensiver mobilisieren.

An Ärger festzuhalten ist so als würdest du ein glühendes Stück Kohle festhalten mit der Absicht, es nach jemandem zu werfen – wer sich dabei verbrennt, bist du selbst.

Buddha Shakyamuni

Ein Kraftbild finden

Während ich also noch darüber nachdachte, welches Bild für mich richtig sein könnte, fiel mein Blick auf eine buddhistische Zeitschrift von deren Titelbild mir Matthieu Richard entgegen lächelte. Richard ist ein promovierter Molekularbiologe, der seit über dreißig Jahren als Mönch in einem buddhistischen Kloster in Nepal lebt. Zudem ist er der Übersetzer des Dalai Lama aus dem Französischen, und er gilt als der glücklichste Mensch der Welt, seit sein Gehirn von Wissenschaftlerinnen im Kernspin genauestens untersucht wurde: Nach rund 40.000 Stunden Meditationserfahrung (zum Vergleich: bei Ärztinnen oder Rechtsanwältinnen werden zwischen fünf- bis zehntausend Stunden Berufserfahrung zur Erreichung eines guten Standards zugrunde gelegt), die er im Laufe seines Trainings absolviert hat, kann er heute sein Gehirn innerhalb von Sekunden auf positive Emotionen wie Liebe und Mitgefühl ausrichten. Seit den legendären ersten Untersuchungen, die belegen, dass diejenigen Hirnareale, wo positive Gefühle wie Liebe und Mitgefühl entwickelt werden, bei Mönchen mit langer Meditationserfahrung viel aktiver sind als bei Kontrollgruppen, gehen Forscherinnen davon aus, dass wir Glück und Mitgefühl trainieren können.

Wer hätte sich für mich also besser zum Visualisieren geeignet als Matthieu Richard, der mich zum Lächeln bringt und der in den beiden Welten dieses Buches zuhause ist: ein erfahrener Mönch mit naturwissenschaftlichen Kenntnissen. So hat mich das Bild von Matthieu Richard bei allen Schwierigkeiten mit diesem Buch begleitet und gestärkt, und immer noch bin ich voller Dankbarkeit und lächle vergnügt zurück, wenn ich ihn auf dem Foto ansehe.

Ein Bild voller Strahlkraft

Nicht nur Personen, auch Landschaften, Gegenstände oder Abstraktes können visualisiert werden! Bilder sind ein wunderbares Hilfsmittel zur Stärkung der menschlichen Seele. Denken Sie an die Wirkung, die Kunst in Menschen auslösen kann. Auch im Buddhismus ist die Kraft der Bilder und ihr Einfluss auf die Psyche wohl bekannt, und vor allem im tantrischen Buddhismus wird sie viel und intensiv genutzt.

Wenn Sie also das nächste Mal einen Durchhänger haben,

wenn Ihnen die rechte Motivation zum Meditieren oder für eine andere Tätigkeit fehlt oder Sie sich kraftlos fühlen, machen Sie eine der folgenden Visualisierungsübungen. Damit können Sie Ihre Virja-Tugenden reaktivieren!

Das Kraftbild visualisieren

Beim Visualisieren richten Sie sich auf etwas aus, das Ihnen Kraft gibt. Finden Sie also ein Bild, zu dem Sie spontan »Ja!« sagen, das Ihnen rundherum gefällt und Sie zum Lächeln bringt. Das muss nichts ästhetisch Wertvolles sein und auch kein Buddha! Wenn Sie sich für das Bild eines rosafarbenen Glücksschweinchens entscheiden, dann ist das Ihre Wahl, und die ist richtig. Sie können bei der Auswahl nichts falsch machen, wenn Sie Ihrem Gefühl folgen.

- Stellen Sie einen Timer, und finden Sie eine Position, in der Sie für die Zeit der Visualisierung still sitzen bleiben können.
- Stellen Sie Ihr Kraftbild vor sich auf, und schauen Sie es genau an.
- Inhalieren Sie es! Lassen Sie es in sich hineinsinken!
- Wenn Sie so weit sind, schließen Sie die Augen, und erzeugen Sie das Bild in Ihrer Vorstellungskraft.
- Nehmen Sie sich Zeit. Öffnen Sie die Augen, wenn Sie das Bedürfnis danach verspüren.
- Das Bild wirkt auch, wenn Sie es nur ansehen, ohne es sich mit geschlossenen Augen vorzustellen. Betrachten Sie es, so lange und so oft Sie wollen.

Bevor Sie die Übung beenden, gönnen Sie sich noch ein paar Atemzüge. Das Bild wird Sie in Ihren Alltag begleiten und Ihnen Kraft geben.

Es kommt bei dieser Übung nicht darauf an, ein höchst detailliertes Bild zu entwickeln. Die Qualität dessen, was das Bild für Sie ausdrückt, ist die entscheidende heilsame Komponente, und die wirkt auch, wenn Sie einfach die schöne, innige Resonanz zwischen sich und dem Bild genießen. Sie müssen nichts weiter tun, das Bild entwickelt seine Kraft von ganz allein, wenn Sie es zu sich einladen.

Alternative: das Kraftwort

Dass Worte eine eigene Kraft haben und Macht entfalten können, ist in unserer Kultur fast vergessen. Früher fürchteten sich die Menschen vor der Gewalt von Flüchen, und sie glaubten an das Glück und die heilende Wirkung eines Segens. Solche Wortrituale spielen in unserem Alltag keine Rolle mehr, und doch bekommen wir oft die Macht von Worten zu spüren, etwa wenn wir mit hässlichen Worten verletzt oder gedemütigt werden. Ein Wort, das uns beleidigt, kränkt uns. Es kann wie ein Stachel in der Seele festsitzen, immer wieder in unserem Bewusstsein auftauchen und uns langsam vergiften. Umgekehrt kann ein gutes Wort uns aufrichten, Mut machen und uns als Glücksbringer begleiten.

Dieses Wissen machen Sie sich bei der Kraftwort-Übung zunutze, um eine gute Atmosphäre auszukosten und um schlechte Stimmungen, Befürchtungen und Kraftlosigkeit zu vertreiben.

Zunächst müssen wir uns über unsere Gefühlslage klar werden. Spüren Sie Kummer, Angst, Scham, Wut, Argwohn, Kleinmut, Scheu, Trauer? Oder: Zuversicht, Liebe, Freude,

Ruhe, Frieden, Dankbarkeit? Es ist wichtig, die Stimmung möglichst genau zu erfassen und sie mit dem »richtigen«, dem genau passenden Wort zu erfassen.

In einer guten Stimmung können wir durch bewusstes Einatmen des Wortes intensiv in dem guten Gefühl schwelgen. In einer schlechten Stimmung suchen wir das Gegenmittel. Welches Wort ist das einzig richtige, um das negative zu kurieren? Was brauchen Sie? Mut? Tapferkeit? Vertrauen? Zivilcourage? Kraft? Es verlangt Geduld und Achtsamkeit, das passende Wort für die momentane Verfassung zu finden und im Gegenzug das heilsame Wort als Gegenmittel zu finden. Dieses Wort ist Ihr Kraftwort! Im nächsten Schritt wird dieses Wort eingeatmet und damit alles Bedrückende, Blockierende, Beengende ausgeatmet.

DAS KRAFTWORT EINATMEN

Setzen Sie sich aufrecht hin, und spüren Sie, wie es Ihnen geht.

- Wenn es Ihnen gut geht, versuchen Sie das Wort zu finden, das Ihren Zustand am besten beschreibt: Glück, Zufriedenheit, Offenheit, Freiheit, Liebe ... was immer richtig für Sie ist. Sobald Sie das passende Wort gefunden haben, stellen Sie sich vor, dass Sie es durch die Nase einatmen und durch den Atem in Ihrem ganzen Körper verteilen. Sie atmen ein und spüren, wie sich das Wort und das damit verbundene Gefühl nach und nach in Ihrem Körper ausbreiten und wie Sie sich damit stärken. Genießen Sie es, sich eins mit dem Wort und dem Zustand zu fühlen.

- Wenn es Innen nicht gut geht, spüren Sie in sich hinein, und versuchen Sie Ihren Zustand zu benennen. Scannen Sie langsam durch Ihren Körper, und spüren Sie die Blockaden auf. Während sich ein Gefühl wie Freude im ganzen Körper ausbreitet, haben schlechte Gefühle meist einen festen Platz.
- Sobald Sie das Ihrem Gefühl genau entsprechende Wort gefunden haben, suchen Sie das Gegenmittel – das Wort, das in der Lage ist, das negative Gefühl aufzulösen. Welche Eigenschaft, welches Wort könnte das sein? Mut, Selbstbewusstsein, Vertrauen, Kraft, Stärke, Optimismus? Nehmen Sie sich Zeit, das passende Wort zu finden. Wenn es auftaucht, erkennen Sie es. Dann stellen Sie sich vor, dass Sie es durch die Nase einatmen und durch den Atem in Ihrem ganzen Körper verteilen. Das Gefühl breitet sich nach und nach in Ihrem Körper aus, es stärkt Sie und spült alle Blockaden an den Fußsohlen aus Ihrem Körper heraus.
- Atmen Sie das Kraftwort immer wieder frisch ein, am besten so lange, bis sich alles Negative und Dunkle aufgelöst hat und das Neue frei und ungestört in Ihrem Körper fließt.

DIE PARAMITA PRAJNA:
DAS GLÜCK DER ERKENNTNIS

*Je länger wir uns in Achtsamkeit und Meditation üben,
umso deutlicher erkennen wir uns. Wir gewinnen an Einsicht
in unsere wahre Natur und folgen unserem Weg mit
wachsender Weisheit. Unser Leben gewinnt
an Bedeutung und Sinn.*

Wir alle sind Buddha

Den Buddha-Weg ergründen heißt, sich selbst ergründen.
Sich selbst ergründen heißt, sich selbst vergessen.
Sich selbst vergessen heißt, eins mit
den zehntausend Dingen sein.
Zen-Meister Dogen

Auf unserem Weg »zum anderen Ufer«, zu dem uns die sechs Paramitas bringen, steht die Paramita Prajna für Weisheit und geistige Klarheit. Weisheit schenkt uns einen klaren Blick, Einsicht, Offenheit und spirituelles Verstehen. Wenn wir durch konsequentes Üben von Meditation und Achtsamkeit so weit kommen, dass wir einen Zustand der Bewusstheit entwickeln, in dem wir beobachten können, was wir denken, entwickelt sich Freiheit. Wir erkennen unsere Denkmuster, sehen aus einer gewissen Distanz, wie wir uns verhalten und mit welchen Emotionen wir reagieren. Wir sind konfrontiert mit unseren Vorurteilen und den festgefahrenen Vorstellungen darüber, wie die Welt zu sein hat, wie sich Menschen verhalten sollten und wer wir selbst sind.

Dem Leben mehr Bedeutung geben

Die gewachsene Bewusstheit erlaubt es uns, zunehmend selbst zu bestimmen, was wir denken und wie wir handeln, statt uns von Autopilotinnen steuern zu lassen. Je selbstbestimmter unser Leben ist, umso zufriedener werden wir, weil wir etwas bewirken können, weil wir wachsen und die Richtung unserer Entwicklung selbst in der Hand nehmen und sie steuern lernen.

Unser Leben gewinnt an »Bedeutung«, wie es der amerikanische Zen-Meister Bernard Glasman, formuliert: »Ein Leben, das Bedeutung hat, ist ein Leben, in dem wir aufhören darüber zu klagen, wie schrecklich unser Leben doch sei. Wir halten nicht nach einem besseren Leben Ausschau, denn dieses unser Leben ist einzigartig und großartig, genau so, wie es gerade ist, Augenblick für Augenblick.« Mit zunehmender innerer Klarheit sehen wir mehr und mehr blinde Flecke und gehen besonnener mit unseren Eigenheiten und den Geistesgiften um.

Geistesgifte entlarven

Zu den schwierigsten Klippen auf dem Weg zu mehr innerer Klarheit und Weisheit gehören im Buddhismus die drei so genannten Geistesgifte: Verblendung, Gier und Hass. Es wird gesagt, dass sie den Geist verdunkeln und verschmutzen. In der buddhistischen Ikonographie werden diese Eigenschaften als Tiere dargestellt und traditionell auf Tempeltüren gemalt. Das erinnert die Besucherinnen an die Gifte, aber auch an die

Gegengifte, die einen Weg zur Befreiung aus dem Rad der Wiedergeburten versprechen.

> **Das Schwein symbolisiert die Verblendung.** Dieser Begriff beinhaltet nicht nur Nichtwissen oder Dummheit, sondern steht vor allem für die Unfähigkeit des Menschen, seine wahre Natur zu erkennen und die Wirklichkeit so zu sehen, wie sie ist. Wir weigern uns oft, der Realität ins Gesicht zu sehen, darum gilt Verblendung als zentrale Ursache für negative Emotionen und destruktive Handlungen. Ihr Gegengift findet sich in der Weisheit der Paramita Prajna.

> **Der Hahn symbolisiert die Gier.** Dazu gehört die Gier nach Besitz ebenso wie die Drogen-, Spiel- oder Kaufsucht. Auch das Gieren nach Bedeutung, Bewunderung und Anerkennung stecken im Hahn. Sein Gegengift ist die Großzügigkeit der Paramita Dana.

> **Die Schlange symbolisiert den Hass.** Er beinhaltet all unsere aggressiven Abwehrmechanismen, die sowohl uns selbst als auch anderen gelten können. Meist werden sie durch Angst oder andere Gefühle von Bedrohung wie Scham oder Eifersucht ausgelöst. Ihr Heilmittel ist Metta: Güte und Freundlichkeit mit sich selbst und anderen, wie es zum Beispiel in der Paramita Ksanti steckt.

In tibetischen Darstellungen des Lebensrades befinden sich diese drei Tiere im Zentrum. Meistens werden sie als ineinander verschlungen oder verbissen gezeigt, oder das Schwein hält die Schlange und den Hahn fest. Denn die Verblendung gilt im Buddhismus als zentrale Ursache für unsere Schwierigkeiten. Wem es gelingt, die Geistesgifte mit den Gegengiften zu »behandeln«, dem wird Heilung versprochen. Denn sobald die Ursachen von Leid erlöschen, erlischt das Leiden.

DIE BUDDHA-NATUR FINDEN

Die Paramita Prajna, unsere innere Weisheit, kann uns dabei helfen, die Geistesgifte in Vertrauen und den Wunsch, uns selbst zu ergründen umzuwandeln, damit wir zu innerer Harmonie gelangen. Vor allem im Zen-Buddhismus kreisen viele Fragen darum: »Was ist meine wahre Natur?« »Was ist mein Angesicht vor der Geburt meiner Eltern?« Für diese berühmten Rätsel – Koans genannt – gibt es keine rationalen Antworten. Sie können nur intuitiv, nicht mit dem Verstand und meist nach langen Jahren der Meditation gelöst werden. Andere buddhistische Schulen beantworten die Frage nach der eigenen, wahren Natur, etwa so: Die wahre Natur aller Lebewesen ist ihre Buddha-Natur. Sie ist rein, freudvoll, beständig und ein Teil der Wesensgleichheit zwischen Menschen und Buddhas. Doch nirgendwo in den buddhistischen Schriften sind die Antworten auf Fragen nach der Buddha-Natur dogmatisch. Immer geht es darum, dass sich jeder Mensch selbst auf die Suche danach machen muss.

WEISHEITSGESCHICHTE

Es war einmal ein weiser König, der viel Ärger mit seinen Ministern hatte. Sie stritten ständig, und wegen lächerlicher Kleinigkeiten gerieten sie oft heftig aneinander, denn jeder wollte nur seine eigne Meinung gelten lassen. Da beschloss der König ihnen eine Lektion zu erteilen und den Streitereien ein für alle Mal ein Ende zu setzen. Er ließ bei einem Fest in der Arena seinen Lieblingselefanten vorführen. In seinem Gefolge waren vier Männer, die seit ihrer Geburt blind waren. Der König nahm die Hand des ersten Blinden und legte sie auf seinen Rüssel. Danach legte er die Hand des zweiten Blinden auf den Stoßzahn. Die Hand des dritten führte der König zum Ohr, dem vierten drückte er schließlich den Schwanz des Elefanten in die Hand.

Dann ließ der König jeden Blinden beschreiben, was er gespürt hatte. »Ich gehe davon aus, dass es ein Tier ist, dass zur Gattung der Schlangen gehört«, meinte der erste, der den Rüssel gespürt hatte. Schon wurde er vom zweiten Blinden unterbrochen. »So ein Blödsinn«, rief der Mann, dessen Hand den Stoßzahn gefühlt hatte, »es ist nichts Lebendiges. Es ist ein Werkzeug, vielleicht ein Pflug.« »Ihr seid nicht bei Verstand«, schrie der nächste, der das Ohr ertastet hatte: »Es ist ein Fächer.« »Wie dumm ihr seid« mischte sich der ein, der den Schwanz in der Hand hatte: »Es ist einfach eine Art Fliegenklatsche.«

Und obwohl sie sich nicht sehen konnten, gingen die Männer aufeinander los, denn jeder glaubte im Besitz der einzigen Wahrheit zu sein. Es ging zu wie im königlichen Rat und *die Minister, die das ganze Schauspiel mit angesehen hatten, schwiegen beschämt und senkten die Köpfe.*

DIE GLEICHNISSE ÜBER DIE BUDDHA-NATUR

In den Sutras, den Lehrreden Buddhas, finden wir immer wieder Hinweise auf die Buddha-Natur und darauf, was sie bedeutet. So werden im Tathagatagarbha-Sutra neun kleine Gleichnisse erzählt, die um das Auffinden der in jedem Wesen vorhandenen Buddha-Natur kreisen. Es sind keine philosophischen Abhandlungen, sondern konkrete, einfache und leicht verständliche Parabeln. Sie alle enthalten dieselbe Wahrheit in unterschiedlichen Varianten: Jede erzählt von einem Schatz, der noch entdeckt werden muss, der Buddhaschaft, die in jedem Wesen enthalten ist. Sie mag versteckt sein, verdunkelt, beschmutzt – aber sie ist vorhanden. Keine noch so widrigen Umstände können sie zerstören, und in jeder von uns kann sie sich zeigen.

Dieses Potential zum Buddha steckt in allen Wesen, es muss allerdings erst wirksam gemacht werden, und das geht selten ganz von allein. Es braucht dazu eine Helferin, eine Lehrerin, einen Buddha, jemanden, der mehr sieht als der Mensch allein erkennen kann. So wird im ersten Gleichnis von einer Honigwabe gesprochen, die von Bienen bedeckt ist. Der Honig ist darunter versteckt, und nur eine Fachfrau kann die Bienen vertreiben, ohne Schaden anzurichten und selbst geschädigt zu werden, und nur sie kann den Honig gewinnen und sinnvoll verwerten.

In einer anderen Geschichte geht es um einen verarmten Edelmann. Er geht ratlos und verzweifelt in seinem Haus auf und ab, unfähig eine Lösung für seine finanzielle Misere zu finden. Er ahnt nicht, dass er unermesslich reich ist, denn ein großer Schatz ist in seinem Keller vergraben. Wüsste er davon, wären all seine Probleme gelöst. Doch da der Schatz sich nicht bemerkbar macht, lebt er weiter in der Vorstellung, er sei arm. Erst als der Buddha ihm den Schatz zeigt, entdeckt der Edelmann seinen Reichtum. Dieses Gleichnis illustriert die Situation eines Menschen, der spirituell reich ist, aber keinen Zugang dazu hat. Erst die Begegnung mit dem Buddha zeigt ihm sein volles Potential. Das spirituelle Training, wie zum Beispiel die Praxis der Paramitas, ist ein Weg, um unsere Buddha-Natur wirksam werden zu lassen und dadurch ein glücklicheres Leben zu führen. Würden wir uns – statt mit unserem Leid – mit unserer Buddha-Natur identifizieren, sähe die Welt anders aus.

Die eigenen Ressourcen entdecken

Der Glücksforscher Martin Seligman hat der Psychologie einen drastischen Perspektivenwechsel in der Therapie beschert: von der Ausrichtung auf die menschlichen Defizite hin zu einer Orientierung am bestehenden Potential, an den Ressourcen. Mit der »positiven Psychologie« hat Seligman einen fundamentalen Wandel eingeleitet, bei dem es nicht mehr darum geht, was ein Mensch alles nicht kann, sondern im Gegenteil darum, was er gut kann und gern tut.

In dem Bestreben herauszufinden, welcher Lebensstil

Menschen glücklich macht, hat Seligman drei Varianten beschrieben:
- Das angenehme Leben: Es ist bestimmt durch das Streben nach Genuss und Vergnügen.
- Das Leben voller Hingabe: Es ist bestimmt durch Arbeit, Elternschaft, Liebe und Hobbys.
- Das sinnstiftende Leben: Es besteht darin, unsere Kraft für etwas einzusetzen, das größer ist als wir selbst.

Seligmans Forschungen zeigen interessante Ergebnisse:
- Wenn das Streben nach Genuss zentral ist, führt das kurzfristig durchaus zu angenehmen Erlebnissen, wird aber langfristig schal.
- Ein Leben voller Hingabe zu führen ist nicht leicht, aber befriedigend.
- Seine Lebensenergie für etwas Größeres einzusetzen, macht glücklich! Sinnfindung ist das i-Tüpfelchen! »Die Seele des Menschen schreit nach Sinn und Bedeutung!« schreibt der Theologe Frank Sheed.

Indem wir unsere Buddha-Natur ergründen, die Weisheit in uns selbst suchen, begeben wir uns auf die Suche nach Sinn und Bedeutung in unserem Leben. Es ist der Anfang für ein glückliches Leben.

Das einzig lebenswerte Abenteuer kann für den modernen Menschen nur noch innen zu finden sein.
Carl Gustav Jung/Psychiater

Friedvolles Verweilen

Wenn wir anfangen zu meditieren, beobachten wir zum ersten Mal das ganze Ausmaß unserer inneren Unruhe und die Schwierigkeit, uns zu konzentrieren. Unser Affengeist, die Tendenz unseres Geistes, ungeordnet hin und her zu springen und sich nur schwer bändigen zu lassen, funkt uns immer wieder dazwischen. Wir brauchen Stehvermögen und Mut, um dabei zu bleiben und uns dem auszusetzen. Meditation heißt Wachsein, sich dem stellen und sich für das öffnen, was an Bildern und Gefühlen auftaucht. Es ist ein besonderes Erfolgserlebnis, wenn sich die Konzentration so verbessert, dass es immer längere Perioden gibt, in denen Selbstbeobachtung oder Versenkung funktionieren. Nach meiner Erfahrung gibt es kaum etwas, das das Selbstbewusstsein so stärkt, wie das Gefühl bei sich selbst angekommen zu sein. Die regelmäßige Meditationspraxis führt uns dorthin.

Eine stabile Geisteshaltung entwickeln

Zur Paramita Prajna, der inneren Weisheit, gehören für mich die Shamatha-Meditationen. Im Kapitel über die Paramita Dhyana habe ich Ihnen die Unterschiede vorgestellt: Während bei der Vipassana-Meditation die Beobachtung der Veränderung im Mittelpunkt steht, wird bei der Shamatha-Meditation die Konzentration auf ein Objekt, den Atem oder den Körper gerichtet und zwar jeweils in dem statischen Aspekt. Shamatha wird mit ruhigem, friedvollem Verweilen übersetzt, das Ziel dieser Meditation ist also die Entwicklung einer stabilen ruhigen Geisteshaltung durch höchste Konzentration.

Shamatha-Objekte können Kerzen, Bilder oder Mantren sein. Wichtig ist, dass die Konzentration sich durch die reine Betrachtung mehr und mehr vertieft. Als Bild für die zunehmend tiefere Konzentration während der Meditation wird gern ein Glas mit verschmutztem Wasser genommen. Wenn das Wasser still ruht, setzt sich der Schmutz auf dem Boden ab, und das Wasser zeigt seine eigentliche Natur: Klarheit. Das Gleiche gilt für die Natur unseres Geistes in seinem ursprünglichen Zustand: Er ist klar.

Bei sehr erfahrenen Meditierenden stellt sich bei Shamatha-Meditationen eine so genannte Einspitzigkeit des Geistes ein: Alle Konzentration sammelt sich in einem Punkt. Das ist die Beschreibung einer tiefen spirituellen Erfahrung. Auch Neurobiologen kennen diesen Zustand aus ihren Forschungen, und beschreiben ihn naturwissenschaftlich: Wenn die Nervenzellen synchron schwingen, wird in der Wahrnehmung alles eins. Alle Trennungen sind aufgehoben. Die Meditierenden unterscheiden nicht länger zwischen Subjekt und Objekt.

So können Shamatha-Meditationen weit über die reine Konzentration hinaus zu einer Erfahrung des Einsseins führen. Manche vergleichen den Verlauf solcher Meditationen mit dem langsamen Absinken eines Steins, der immer tiefer ins Meer hinabsinkt, bis er schließlich am Meeresboden ankommt – dem Urgrund unseres ursprünglichen Wesens, unserer Natur: dem Einssein.

Kraftvoll und fest verwurzelt

Eine beliebte Shamatha-Übung heißt »Sitzen wie ein Berg«. Sie sitzen genauso wie bei allen anderen Meditationen, aber das Besondere ist die Vertiefung der Konzentration durch die Vorstellung von sich selbst als Berg. Was macht einen Berg aus? Das »Sitzen wie ein Berg« kommt unserem Bedürfnis nach Beständigkeit entgegen, nach Geborgenheit und Stabilität. Ein Berg ruht in der Landschaft, er ist tief in der Erde verankert, und seine Spitze ragt in den Himmel. Er ist ein lebendiges Kraftzentrum und ein Lebensraum für Flora und Fauna. Das Wetter mag sich ändern. Sonne, Wind, Regen und Schnee kommen und gehen. Der Berg aber bleibt der ruhende Pol. Zeit ist für ihn unwichtig. Der Berg überdauert alles. Manche Berge gelten sogar als heilig. Während wir sitzen wie ein Berg, klärt sich die Atmosphäre, der Nebel verzieht sich, und der innere Blick wird klar und frei.

Sitzen wie ein Berg

Suchen Sie sich einen ruhigen Platz, stellen Sie einen Timer, und finden Sie eine Haltung, die Würde und Souveränität verkörpert.

Beobachten Sie Ihren Atem so lange, bis Sie zur Ruhe gekommen sind.

Spüren Sie sich jetzt als Berg.

Sie sitzen fest und sicher auf dem Boden, Ihre Wurzeln sind tief in der Erde verankert, und gleichzeitig fühlen Sie sich aufgerichtet und mit dem Himmel verbunden.

Der Rücken ist gerade, das Kinn etwas angezogen, der Blick leicht gesenkt, die Hände liegen ineinander.

Sie sitzen wie ein Berg: unbewegt, aber nicht starr, sondern stark, konzentriert und gelassen.

In Ihrer Mitte herrschen Klarheit und Ruhe und Kraft.

Wenn Ihre Gedanken wandern, dann kommen Sie wieder zurück zu Ihrer Atmung. Verankern Sie sich immer wieder neu in dem Bild vom Berg, spüren Sie sich in seiner Existenz.

WIE KANN ES WEITERGEHEN?

Sie haben in diesem Buch einen buddhistischen Weg kennen gelernt, der sich an den sechs Paramitas orientiert. Dieser Weg eignet sich nicht nur für Menschen, die auf der Suche nach einer spirituellen Entwicklung sind, sondern auch für jeden pragmatisch veranlagten Menschen, der nach Sinn und innerem Frieden sucht.

»Der Buddha war ein Heilspragmatiker«, schreibt der Indologe Michael Zimmermann. Damit drückt er aus meiner Sicht aus, dass es dem Buddha vor allem darum ging, den Menschen Methoden an die Hand zu geben, die uns im Hier und Jetzt ein erfülltes und glückliches Leben ermöglichen. Diese pragmatische Sicht ist für mich eine der zentralen Weisheiten des Buddhismus, die weit über ihn hinausgehen.

Das größte Geschenk, das mir der buddhistische Weg gemacht hat, ist das Erleben, dass ich durch Bewusstheit immer wieder die Freiheit habe, meine Haltung zu mir und zur Welt, selbst zu wählen. Das zu verstehen und zu versuchen es umzusetzen, ist eine wichtige Quelle meines Glücks. Bei sich ankommen, in sich Ruhe und Klarheit finden und die Verbundenheit mit allem spüren – das ist ein Erfahrungsprozess mit der Akzeptanz von ständigem Wandel. Mit Worten, die für uns alle gelten, hat es der chinesische Weise Konfuzius ausgedrückt: »Wer glücklich sein möchte, muss sich oft verändern.«

Bücher und Adressen,
die weiterhelfen können

Bücher

Allione, Tsültrim: *Den Dämonen Nahrung geben.* Arkana
Allmen, Fred: *Mit Buddhas Augen sehen.* Edition steinrich
Batchelor, Stephen: *Jenseits des Buddhismus.* Edition steinrich
Batchelor: *Die Kunst, mit sich allein zu sein.* Edition steinrich
Bauer, Joachim: *Prinzip Menschlichkeit.* Heyne
Beck, Charlotte Joko: *Einfach Zen.* Edition steinrich
Beck, Charlotte Joko: *Ordinary Wonder: Zen Life and Practice.* Shambhala
Begley, Sharon: *Neue Gedanken – neues Gehirn.* Goldmann
Brahm, Ajahn: *Die Kuh, die weinte.* Lotos Verlag
Chödrön, Pema: *Beginne, wo du bist.* Kamphausen
Chödrön, Pema: *Wenn alles zusammenbricht.* Goldmann
Davidson, Richard / Begley, Sharon: *Warum wir fühlen, wie wir fühlen.* Arkana
Dwoskin, Hale: *Die Sedona-Methode.* VAK
Gamma, Anna: *Ruhig im Sturm.* Edition steinrich
Genpo Dennis / Roshi Merzel: *Der Pfad: Big Mind, Zen & Bodhisattva.* Kamphausen
Glassman, Bernard: *Anweisungen für den Koch: Lebensentwurf eines Zen-Meisters.* Edition Steinrich

Hanson, Rick / Mendius, Richard: *Das Gehirn eines Buddha.* Arbor

Hüther, Gerald: *Bedienungsanleitung für ein menschliches Gehirn.* Vandenhoeck & Ruprecht

Kabat-Zinn, Jon: *Gesund durch Meditation.* Knaur

Kabat-Zinn, Jon: *Stressbewältigung durch die Praxis der Achtsamkeit.* Arbor

Kahneman, Daniel: *Schnelles Denken, langsames Denken.* Siedler

Kandel, Eric R.: *Psychiatrie, Psychoanalyse und die neue Biologie des Geistes.* Suhrkamp

Khema, Ayya: *Meditation ohne Geheimnis.* Jhana

Khema, Ayya: *Nicht so viel denken, mehr lieben.* Jhana

Klein, Stefan: *Die Glücksformel.* Rowohlt

Krishnamurti, Jiddu: *Das Licht in dir.* Edition steinrich

Lyubomirsky, Sonja: *Glücklich sein.* Campus

Rampe, Micheline: *Der R-Faktor. Das Geheimnis unserer inneren Stärke.* BOD

Reuter, Wilfried: *Weck den Buddha in dir.* Edition steinrich

Reuter, Wilfried: *Zusammen aufwachen.* Edition steinrich

Richard, Matthieu: *Glück.* Knaur

Richard, Matthieu: *Allumfassende Nächstenliebe: ALTRUISMUS – die Antwort auf die Herausforderungen unserer Zeit.* Edition Blumenau

Rizzetto, Diane Eshin: *Zen für jeden Tag.* Knaur

Rizetto, Diane Eshin: *Deep Hope: Zen Guidance for Staying, Steadfast When the World Seems Hopeless.* Shambhala

Romhardt, Kai: *Slow down your life.* Edition steinrich

Rosenberg, Marshall B.: *Gewaltfreie Kommunikation.* Junfermann

Salzberg, Sharon: *Wahre Liebe: Der buddhistische Weg, mit sich selbst und anderen glücklich zu leben.* O.W. Barth

Siff, Jason: *Meditation verlernen: Was tun, wenn Anleitungen im Weg sind.* Arbor

Siegel, Daniel: *Das achtsame Gehirn.* Arbor

Singer, Wolf / Ricard, Matthieu: *Hirnforschung und Meditation.* Suhrkamp

Singer, Wolf / Ricard, Matthieu: *Jenseits des Selbst: Dialoge zwischen einem Hirnforscher und einem buddhistischen Mönch.* Suhrkamp

Singer, Wolf: *Der Beobachter im Gehirn.* Suhrkamp

Spitzer, Manfred: *Nervensachen.* Suhrkamp

Spitzer, Manfred: *Nichtstun, Flirten, Küssen und andere Leistungen des Gehirns.* Schattauer

Trungpa, Chögyam: *Das Buch vom meditativen Leben.* Knaur

Trungpa, Chögyam: *Spirituellen Materialismus durchschneiden.* Kamphausen

Williams Mark u. a.: *Der achtsame Weg durch die Depression.* Arbor

Zimmermann, Michael u. a.: *Achtsamkeit. Ein buddhistisches Konzept erobert die Wissenschaft.* Hans Huber

ADRESSEN UND LINKS

Micheline Rampe
Praxis für Therapie & Coaching
www.MichelineRampe.de

Diane Rizzetto
Zen-Lehrerin in der Nachfolge von Joko Beck
www.bayzen.org

Das große Forschungsprojekt von Tania Singer über die Untersuchung von Mitgefühl und Empathie mit neurobiologischen Methoden kann mit allen Informationen als kostenloses Ebook im Netz herunterladen unter:
www.compassion-training.org

Es gibt ein großes, im Netz leicht auffindbares, Angebot von deutschsprachigen Podcasts aus der buddhistischen Welt. Wer gut Englisch versteht, findet erstklassige Unterweisungen von Lehrenden der Vipasssana-Tradition unter:
www.dharmaseed.org

Wer sich für die Überschneidungen von Psychologie und Neurowissenschaften interessiert, wird immer wieder fündig in der Zeitschrift »Gehirn und Geist«. Auf der Website stehen oft Artikel, die man kostenlos lesen kann:
www.gehirn-und-geist.de/aktuell/

Kostenlos sind auch Blog und Podcast von Arvid Leyh:
www.scilogs.de/braincast/

Sie können den Neurobiologen Manfred Spitzer auf eine Reise in die Tiefen unseres Denkapparates begleiten. In der Sendereihe »Geist & Gehirn« im Bayrische Rundfunk erklärt Prof. Dr. Dr. Manfred Spitzer, Direktor der psychiatrischen Uniklinik in Ulm, wie das Wunderwerk in unserem Kopf funktioniert:
www.br.de/fernsehen/br-alpha/sendungen/geist-und-gehirn/geist-und-gehirn102.html

ÜBER DIE AUTORIN

Micheline Rampe ist Heilpraktikerin für Psychotherapie. Ihre Arbeit umfasst unterschiedliche ressourcenorientierte und achtsamkeitsbasierte Therapien, in deren Kern es immer um Resilienz geht – die Stärkung der inneren Kraft und die Fähigkeit mit Krisen umzugehen.

Seit über 30 Jahren beschäftigt sie sich mit dem Buddhismus. Anfangs vor allem mit der tibetischen und der Theravada Tradition, später wurde sie Zen-Schülerin von Diane Rizzetto in der Tradition von Joko Beck.

Ihr Interesse an der Neurobiologie wurde geweckt als nachweisbar wurde, dass sich das Gehirn durch die Art seiner Benutzung formt. Die Meditations-Forschungen mit buddhistischen Mönchen schlossen dann den Kreis. So entstand für sie eine natürliche Verbindung zwischen wissenschaftlichem Erkenntnissen und buddhistischen Erfahrungen.